再寻桃花源

许伟平 著

浙江工商大学出版社·杭州

图书在版编目（CIP）数据

再寻桃花源 / 许伟平著. -- 杭州：浙江工商大学
出版社，2024. 11. -- ISBN 978-7-5178-6167-6

Ⅰ．K295.53

中国国家版本馆 CIP 数据核字第 202446DX82 号

再寻桃花源
ZAI XUN TAOHUAYUAN

许伟平 著

出 品 人	郑英龙
策划编辑	沈　娴
责任编辑	刘　颖
责任校对	林莉燕
封面设计	观止堂_未氓
责任印制	祝希茜
出版发行	浙江工商大学出版社
	（杭州市教工路 198 号　邮政编码 310012）
	（E-mail：zjgsupress@163.com）
	（网址：http://www.zjgsupress.com）
	电话：0571－88904980，88831806（传真）
排　　版	杭州朝曦图文设计有限公司
印　　刷	浙江海虹彩色印务有限公司
开　　本	880 mm×1230 mm　1/32
印　　张	10.625
字　　数	196 千
版 印 次	2024 年 11 月第 1 版　2024 年 11 月第 1 次印刷
书　　号	ISBN 978-7-5178-6167-6
定　　价	88.00 元

序　言

肖瑞峰

当我读到伟平兄的这部著作时，最初的感触是震惊与感佩兼而有之。那天他电告我说，写了一些有关陶渊明的文字，想当面向我"请教"一下。尽管对"请教"这个词我有点愧不敢当，却欣然应允。这不仅因为陶渊明是我最为心仪的古代诗人之一，我公开发表的第一篇严格意义上的学术论文就是《试论陶渊明的〈饮酒二十首〉》，更因为伟平兄本人一直是我心目中有思想、有学识、有魄力、有温度的领导。我和他除了工作关系外，多年来始终保持着以品诗论道为联系纽带的私人情谊，不时在微信朋友圈里互动。他曾长期从事人事人才工作，与全省各领域的专家结下了深厚的情谊。在工作中，他既富于开拓精神，持续推出各种创新举措，又不断强化服务意识，尽其所能为专家们排忧解难。因此，包括我在内的许多专家，在他离任后，都感念他曾经给予的无私关怀，而乐与他交往。我知道，领导干部退休后，多以"老有所乐""老有所为"来自我期勉，往往各有兴趣爱好。而伟平兄则偏爱

（甚至可以说是偏嗜）古代文史。他始而倾心于诗词创作,经常将抒情写景及咏史怀古的七律、七绝发在朋友圈里与同好分享,在酣畅淋漓的文字中,我总能读出其胸中丘壑与心底波澜。说每篇都是"精金美玉",那是过誉,但说每篇都能让我有所回味,就绝不是溢美之词了。事实上,它们在内容上都有其思想内蕴和精神内核,不做无病呻吟,在形式上也比通常所谓"老干体"要典雅、工整得多。继而又华丽转身,将兴奋点由诗词创作迁延至学术研究,潜心于文史资料的爬罗剔抉,把"再寻桃花源"当作余生孜孜不倦地加以探求的志业,终于向学界奉献出这部独出机杼的著作。

在公共认知的视野中,陶渊明的名字是和"桃花源"联系在一起的。他在中国文学史上的崇高地位和深远影响无须赘言。这位被贴上"田园诗人"标签的文学巨匠,号称"古今隐逸诗人之宗",毋论专业人士,即使在普通读者的审美视域里也早已树立起一座丰碑。对他的作品,人们最为熟知的除了"采菊东篱下,悠然见南山"的千古名句外,便是他以生花妙笔所描绘出的"桃花源"了。《桃花源诗并记》在中国文学史上出现的意义其实已超越了文学史的范畴,而辐射到思想史、哲学史的领域。这不是我们在这里所要讨论的话题,姑且不论。我想说的是,"桃花源"作为后世读者不胜向往的乌托邦,它究竟实有其境,还是出于诗人的虚构?抑或是虚实参半——诗人据实景而加以生发?历来歧见纷出、言人人殊。于是,寻找桃花源也就成为历代陶渊明诗文爱好者乐此不疲的行为。伟平兄不独跻身于此行列，并且是其中探骊得珠、学有所获的佼佼者。可以说，古往今来，循迹访踪者众矣，而著书立说者寥矣。我们无妨从这一视角来审视《再寻桃花源》一书的价值。

"读万卷书，行万里路"，这历来被看作成长为一个优秀作家的必备条件。实际上，有时要圆满完成一个学术研究项目，也需要以"双万"为前提。当伟平兄确定以"再寻桃花源"作为新的人生目标时，他就开始实施"双万"计划。在几年时间里，他自费踏勘了几乎所有被前贤时彦以及全国各地的旅游指南指认为"桃花源"的风景胜地，对照古籍中的记载，逐一比勘、甄别、辨析。与此同时，他经年累月地浸泡于各类大小图书馆，"寻坠绪之茫茫，独旁搜而远绍"，试图将有关陶渊明及桃花源的文献资料网罗殆尽。这不仅要耗费大量的时间与精力，而且需要超常的毅力与恒心提供旷日持久的支撑。在这个过程中，他渐次完成了从官员到诗人再到学者的角色嬗变，而他退休后的生活也因此变得格外丰富多彩。

无须讳言，伟平兄毕竟不是科班出身的学者，未曾受过严格的学术训练；《再寻桃花源》也不是纯粹的学者之书，在文献的征引与标注上和学者之书终究有些差异。但本书在学术资料的钩稽、学理逻辑的梳理方面，较之某些自以为高深的学者之书却毫不逊色。而作者对陶渊明诗文的感悟与解会，以及对桃花源相关史料的辨识与考释，也不乏真知灼见，实有过于某些习惯于随人作计、拾人唾余，貌似规范、实则刻板的"学者"。这在一定程度上是因为作者摈弃了"著书都为稻粱谋"的世俗考量,纯粹是在兴趣的驱动下来从事探究,既不求闻达,也不计利益,更无须应对学者们啧有烦言的考核机制而企望速成,"毕其功于一役"。据我所知,作者是以"十年磨一剑"来自励的。他深知自身的短板,因而在探究过程中,除了恶补文献学、文艺学等知识外,还不定期地向有关专家请益,根据专家意见反复打磨,数易其稿,绝不草率从事。窃以为至少他治学的认真、严谨态度是不可多得的,而这也是常常让我感动并自愧不如的。

（序作者为中国韵文学会会长、国家级教学名师、国家高层次人才特殊支持计划入选者、浙江省特级专家）

前　言

　　陶渊明(365—427)，字元亮，入宋更名潜，自号"五柳先生"，私谥"靖节"，寻阳郡柴桑县(今江西九江)人，是我国第一位田园诗人。陶渊明的田园隐逸诗和散文辞赋对后世影响很大，特别是他的《桃花源记》，不仅为世人所传唱，其中描写的"桃花源"也成为人们追求的理想家园。

　　陶渊明崇尚的田园生活，环境是优美的，"方宅十余亩，草屋八九间。榆柳荫后檐，桃李罗堂前。暧暧远人村，依依墟里烟"；劳动是快乐的，"种豆南山下，草盛豆苗稀。晨兴理荒秽，带月荷锄归"，"采菊东篱下，悠然见南山"，"日入相与归，壶浆劳近邻。长吟掩柴门，聊为陇亩民"；人们相处是融洽的，"过门更相呼，有酒斟酌之。农务各自归，闲暇辄相思。相思则披衣，言笑无厌时"。他憧憬"秋熟靡王税"的理想生活，他的《桃花源记》正是这种没有战乱杀戮压迫，山水清秀幽静，人人劳作自由，百姓淳朴可亲，社会平等和谐的理想生活写照。因此，在人们的心目中引起了共鸣。虽然陶渊明描写的理想社会是虚构的，但一千多年来，人们一直在寻找陶渊明笔下的"桃花源"。到目前为止,全国各地有 30 多处景点自诩为"桃花源"。这些景点有的以地名契合,有的借景筑景,但最后人们到实地一看,都不是心目中的"桃花源"。所以,有人说"世上本无桃花源,只有庸人自扰之"。

其实,陶渊明写《桃花源记》是有原型的。南朝梁任昉说:"武陵源在吴中。"近年来,笔者对陶渊明的生平足迹进行了深入细致的研究,发现他笔下的"桃花源"原型地,或在杭州市萧山区(古称会稽郡永兴县)浦阳镇灵山村(古称山泉许)一带。

本书以陶渊明的主要生活轨迹和思想演变过程为主线,以会稽的山川地形和风土人情为背景,分上编"再寻'桃花源'"和下编"陶渊明考证",加以叙述和论证。

鲁迅先生说:"倘要论文,最好是顾及全篇,并且顾及作者的全人,以及他所处的社会状态,这才较为确凿。"上编"再寻'桃花源'"正是根据鲁迅先生这一原则写就的。"再寻'桃花源'"由八章构成,前五章以陶渊明外公孟嘉在浦阳江畔偶遇许询为开端,通过回顾陶渊明的家世,游学从军经历,回归田园隐居等细节,展示了陶渊明"入世""出世"矛盾的一生。陶渊明积极"入世"的思想,除了从小深受儒家教育外,最主要是受其曾祖父陶侃、外祖父孟嘉的影响。他的"出世"思想,既是个性使然,也是社会现实使然。"入世"与"出世"在陶渊明的思想深处常常形成矛盾,使之难以自拔,即使后来隐居田园,他也难以忘却世事风尘、政局变化,更没有放弃对理想生活的追求。除此之外，第一、三、四章还描写了会稽的山川地形、风土人情，以及这些对陶渊明的影响。会稽的山水人文为陶渊明积累了大量创作素材，会稽的名士特别是隐士的做派，对陶渊明最后回归田园生活也具有一定的影响，这点我们在陶渊明的作品中是可以窥见的。

后三章通过回顾诗人吟诵的"桃花源"、画家笔下的"桃花源"、各地开发的"桃花源"，展示了自南朝宋以来人们对理想社会生活的向往和追求；通过寻觅陶渊明在会稽的踪迹，以及会稽当地的山川地貌、人文古迹、府志杂记、民间传说，提出了杭州市萧山区浦阳镇灵山村一带是"桃花源"主要原型地的假设。

为了拓展读者的想象空间，增加文章的可读性，本书上编"再寻'桃花源'"的有关章节，采用文学传记的方法进行叙述。用文学手法叙述，不是脱离当时特定的历史事件与人物进行随意虚构，而是借助生动的文学语言和丰富的艺术手段，对历史事件和人物进行描摹、刻画与渲染，并通过合理想象再现当时的境况。如第一章"雅相知得"，就是根据陶渊明《晋故征西大将军长史孟府君传》中"君尝为刺史谢永别驾。永，会稽人，丧亡，君求赴义，路由永兴。高阳许询，有隽才，辞荣不仕，每纵心独往，客居县界。尝乘船近行，适逢君过，叹曰：'都邑美士，吾尽识之，独不识此人。唯闻中州有孟嘉者，将非是乎？然亦何由来此？'使问君之从者。君谓其使曰：'本心相过，今先赴义，寻还就君。'及归，遂止信宿，雅相知得，有若旧交"一节展开写就的。

下编"陶渊明考证"主要由《陶渊明从军考证》《陶渊明游学考证》《陶渊明年谱考补》《对〈孟府君传〉几个历史事件发生年份的考证》四篇文章组成。陶渊明二十九岁（393）出任江州祭酒，到四十一岁（405）归隐，出仕时间前后相加有十三年。在这十三年中，他当过地方官，也在军中任过职。在做地方官时，初为州祭酒，归隐前又当过八十天的彭泽令。对于这一点，陶渊明自己也有记述，历来无人疑议。但对于在军中何处任职，则众说纷纭。有刘牢之、桓玄、刘裕、刘敬宣军中任职等多种说法。争议最大的是陶渊明到底有没有在刘牢之军幕任过职。陶澍在《靖节先生年谱考异》中认为："今为反复推寻，先生始作参军实在己亥，镇军实为刘牢之。"古直从其说。而朱自清在《陶渊明年谱中之问题》中则认为，陶渊明《始作镇军参军经曲阿作》这首诗中的"镇军"是指刘裕而非刘牢之，从而间接否定了陶渊明在刘牢之军中任过职。之后，学术界就这一问题基本持这两种观点，莫衷一是。我们注意到陶澍和朱自清的分歧主要是对"镇军"主体的理解和认定不同。其实，认定一个人、一件事，如果仅仅以一首诗、一篇文章为依据，往往容易失之偏颇。更何况陶诗在上千年的流传过程中，由于传抄刻印等各种原因所产生的异文异字随处可见。北宋《蔡宽夫诗话》记载："《渊明集》世既多本，校之不胜其异，有一字而数十字不同者，不可概举。"《陶渊明从军考证》正是从这一点出发，在对陶渊明的生平传记、生活轨迹、诗文考证的同时，结合史书府志、人文古迹，以及专家的最新研究成果，试图通过全方位多渠道的考证，还原陶渊明的军旅生涯。另外，陶渊明是否在刘牢之军幕任过职，也直接关系到陶渊明游学后，是否再到过会稽，这也是本人撰写《陶渊明从军考证》的目的之一。

陶渊明是否有过游学经历？以前陶学研究者很少有人提及，亦未见这方面的研究文章。《陶渊明游学考证》结合陶渊明的生平足迹、诗文辞赋，以及史书传记，对这一问题进行了探讨。

《陶渊明年谱考补》在坚定六十三岁说的同时，主要在以下两个方面有所突破：一是根据陶渊明的主要生活轨迹，补录了游学和从军的相关事迹。二是利用当前信息时代的优势，吸收专家学者最新研究成果，对陶渊明的相关诗文做系年系地考证补充。

对于陶渊明的生卒年，颜延之《陶征士诔并序》："春秋若干，元嘉四年月日，卒于寻阳县之某里。"沈约《宋书·陶潜传》："潜元嘉四年卒，时年六十三。"萧统《陶渊明传》："元嘉四年将复征命，会卒，时年六十三。"房玄龄等《晋书·陶潜传》："宋元嘉中卒，时年六十三。"可以说，宋以前对陶渊明六十三岁说，几乎无异议。但从南宋开始，随着编纂陶渊明年谱的兴起，陶渊明的生年也众说纷纭，有张縯七十六岁说，圣旦、邓安生五十九岁说，梁启超五十六岁说，古直五十二岁说，吴挚甫五十一岁说，等等。他们的依据大都出自陶诗的某一版本,相互驳难,自圆其说。在这种情况下,如果以某一版本为证,实在难以避免差错。比如《游斜川并序》云:"辛酉""开岁倏五日"。此处"辛酉"一作"辛丑","五日"一作"五十"。如取"辛丑""五十",则得出陶渊明七十六岁(张缜说)。如取"辛酉""五十",则得出陶渊明五十六岁(梁启超说)。如取"辛丑""五日",则说明陶渊明是 401 年正月初五游斜川。而取"辛酉""五日",则说明陶渊明是 421 年正月初五游斜川。可见,在研究古诗文时,完全以一家一版的诗文为证,也不见得是科学的方法,还需要综合考虑多方面的因素。

在研究陶渊明生卒年时,还有一种观点,认为"颜延之与渊明情款,于其死后不久作诔文尚且不知其享年,而沈约晚于颜延之,又从何得知"? 意思是说,颜延之和陶渊明是生前好友,尚且不知道陶渊明的享年,而沈约晚于颜延之,又怎么会知道陶渊明的享年呢? 显然这种观点更值得商榷。据史料记载,颜延之与陶渊明最后一次相见,是景平二年(424),是年颜延之因刘义真事件牵连,被外放始安(广西桂林)太守,路经寻阳时,专门到栗里(南村)拜访了陶渊明。从景平二年到陶渊明去世的元嘉四年(427),已过去整整三年,对于一个外地人来说,有些事情记不清楚,当在情理之中。颜延之作诔文时,事已至急,在那样的情况下,他以"春秋若干,元嘉四年月日,卒于寻阳县之某里"表述,实乃明智之举,也体现了他实事求是的态度。而沈约则不同,他是《宋书》的作者,本身研究态度严谨,资料全面翔实,如有疑难问题,也有足够的时间和条件核实。所以,他在《宋书·陶潜传》中对陶渊明生卒年的研究结论,实属可信。

对于陶渊明的游学经历和从军过程,本文基于《陶渊明游学考证》和《陶渊明从军考证》的研究,从时间、地点上予以明确。

对陶渊明的诗文解读,先贤时人不计其数。过去,对陶诗的作文时间,除诗题明确外,大多以"年龄"或以异文异字推断,涉及当时的社会状况和重大历史事件较少。近年来,专家学者在这方面的研究有很大突破。本文吸取了专家学者的最新研究成果,对陶渊明的相关诗文做了系年系地的考证补充。

在撰写本书时,笔者还对陶渊明《晋故征西大将军长史孟府君传》中几个历史事件的发生年份进行了考证,颇有收获。现整理成《对〈孟府君传〉几个历史事件发生年份的考证》一文,一并附上,供陶学研究者参考。

为了给读者提供阅读方便,本书还辑录了陶渊明《晋故征西大将军长史孟府君传》、颜延之《陶征士诔并序》、沈约《宋书·陶潜传》、萧统《陶渊明传》和《〈陶渊明集〉序》、房玄龄等《晋书·陶潜传》、李延寿《南史·陶潜传》、佚名《莲社高贤传·陶潜传》。陶氏宗谱虽然史料价值不高,但本书还是节录了《彭泽定山陶氏宗谱》和《都昌西源陶氏宗谱》中有关陶渊明的部分,目的是供读者了解各地的陶氏宗谱。

撰写本书的目的,是试图通过追寻陶渊明的生平足迹,还原相关历史真相,向读者和陶学研究者提供一种新的思路,从而更好地弘扬传统文化。为简洁起见,本书所引诗、词、古文等,均不标注朝代,只注作者。而对陶渊明作品,不额外标注作者名。

"桃花源"的核心思想是和谐,这种和谐遍及人与自然、人与人之间的方方面面。在社会主义新农村建设的今天,进一步弘扬"桃花源"的核心思想,建设"桃花源"式的新型农村,对于践行社会主义核心价值观,建设社会主义新农村,具有十分重要的现实意义。

目　录

上编 再寻『桃花源』

第一章　雅相知得

雅相知得，有若旧交。

——《晋故征西大将军长史孟府君传》

深秋的江南,碧水芦花,层林尽染。在阳光的照耀下,呈现出一幅幅色彩缤纷、宛若油画的美景。

公元 348 年,尽管经历了"王敦之乱""苏峻之乱",又面临着后赵和前燕等国的觊觎,鲜卑、羌等少数民族的骚扰,东晋王室凭借着长江天险,依靠前丞相王导号召南迁避难的中原士族,联合南方的名士大族,①加强南北人士的交流合作,竟然赢得了较为稳定的局势,社会经济文化也得到了一定的发展。特别是三吴(吴兴、吴郡和会稽)一带,由于战祸波及较少,水陆交通便利,商贸经营频繁,商品经济得到了快速发展,人们的生活水平也有所提高,到处洋溢着堪比太平盛世的祥和气氛。

当时的会稽郡,不仅山清水秀,临江濒海,物产丰富,市

① 房玄龄等《晋书·王导传》:"导因进计曰:'古之王者,莫不宾礼故老,存问风俗,虚己倾心,以招俊义。况天下丧乱,九州分裂,大业草创,急于得人者乎!顾荣、贺循,此土之望,未若引之以结人心。二子既至,则无不来矣。'帝乃使导躬造循、荣,二人皆应命而至,由是吴会风靡,百姓归心焉。"

民殷实,而且如谢安、刘惔、王恬、王述、李充、支遁、许询等名
士云集。他们或清谈阔论,吟诗书画;或游迹于山水,举杯赏
月。眼下正是秋高气爽,享受大自然馈赠的大好时节,所以,
无论江河湖畔,还是山阴道上,到处都是外出游乐之人。

一

这一天,从永兴县南部的高洪尖山下茗浃坞村前的大
湖,划出一条小船,船上除船夫外,还站着两个年轻人。年纪
轻的十八九岁光景,长得英俊魁梧,站在船头满面春风。年
纪大点的二十五六岁,似乎是仆人,处处扶持提醒着少年。
他们出大湖后到紫湖,又沿着弯弯曲曲的河道前行,不一会,
便过了童家山、桃湖、新河口,沿着凰桐江,来到浦阳江边。

浦阳江又叫浣江,和凰桐江交汇成"丁"字形。浦阳江是
一横,凰桐江是一竖。浦阳江发源于浦江县西部岭脚,分东
西两江流经诸暨,两江汇合后,在永兴尖山又左汇凰桐江,奔
流东去。明朝前,浦阳江与钱塘江还未贯通,浦阳江为独立
入海的河流,由临浦、麻溪,经会稽钱清,至三江入海。凰桐
江发源于诸暨紫云乡五云岭南麓,东流经寨头、大路杨、凰桐
等村,流经尖山注入浦阳江。二江汇合处,刚好在永兴的尖
山镇。上游江河源源不断地注入,带来了大量浮游生物,使
得尖山这一带成为一个小型渔场。这时江面上两条小船正
载着八只鹭鸶在捕鱼,鹭鸶一捕到鱼,便引得岸上的围观者
阵阵喝彩。

"二少爷，我们是往浦阳江上游走，还是下游走？"

被称为二少爷的年轻人叫许询，是会稽内史许归的次子。① 许询总角秀惠，人称"神童"，他从小才华横溢，好清谈，善属文，懂医药，虽然年轻，但当时的名士对他都十分敬重仰慕。此番许询客居永兴高洪尖山下，是听支遁法师指点，来高洪尖寻采灵芝的。

"往下游走，我们到临浦上岸，去渔浦看看。"

渔浦（今杭州市萧山区义桥镇）位于富春江、钱塘江汇合处。水面宽阔，水深莫测，是古代官民往来的重要津渡。上行可达建德、金华、衢州，以及皖、赣、闽、广。下行可到杭州、

---

① 许归之名，各种史料传记互异，《新唐书》作许贩，《文选集注》作许助，（嘉泰）《会稽志》、（万历）《绍兴府志》及各代《萧山县志》作许玟，萧山及诸暨等地《许氏宗谱》作许皎，《建康实录》作许归，今以《建康实录》为正。

许询生卒年不详，但综合各种史料以及有关学者的研究成果，可以推断出许询的享年。据《晋书·郗愔传》，知许询卒于郗昙后，昙卒于361年正月。《全晋文》卷二十二：（王羲之）"七日告期，痛念玄度……但昨来念玄度，体中便不堪之，耶告"。《世说新语·规箴第十》二十条："王右军与王敬仁、许玄度并善。二人亡后，右军为论议更克。"可知许询卒于本年（361）王羲之卒前。又《世说新语·文学第四》三十八条："许掾年少时，人以比王苟子，许大不平。时诸人士及支法师并在会稽西寺讲，王亦在焉。许意甚忿，便往西寺与王论理，共决优劣……"本条余嘉锡笺疏引程炎震笺证云：《法书要录》载张怀瓘《书断》云：'王修以升平元年（357）卒，年二十四。'则生于咸和九年（334）甲午，许询或有相若耶？"张可礼《东晋文艺系年》考证许询与王修会稽西寺辩论发生在345年，时年王修十二岁，"询约十六岁"（"年少"一般指十三至十七岁）。据此推算，许询约生于330年，卒于361年，享年三十二岁。

嘉兴、湖州，以及宁波、定海诸地。因明朝前，浦阳江与钱塘江还未贯通，所以，许询去渔浦，到临浦上岸距离最近。

出了凰桐江，水面就开阔起来，两岸堤坝上到处都是茂盛的芦苇，雪白的芦花在风中如波浪起伏，煞是好看。左边蓬山的一块岩石穿过堤岸延伸到江中，石矶上坐着四五个垂钓之人，为遮挡刺眼的阳光，他们一色拉低斗笠，但可以想象，他们锐利的目光，一刻不停地盯着江面上的浮标。突然最左边的人起身拉竿，一条巴掌大的鲫鱼腾空而起。

"哈哈，阿毛，看来你这几天吃素了，这鱼专门往你这里跑。"

"五条了。"被叫作阿毛的小伙子伸出五根手指，颇为得意。其实，吃素吃荤纯为调侃之说，鱼儿才不管这些，关键是阿毛钓鱼的位置好。阿毛的位置离凰桐江出口最近，那里浮游生物最多，鱼儿最喜欢的就是这些漂浮食物。

正说着，忽然见石矶后面的堤坝上急匆匆地走来两个人，走在前面的五十岁出头，步伐雄健，气宇轩昂。跟在后面的显然是仆人，斜背着包袱，但一眼就能看出他是初到会稽，对这里的一切都很好奇。见石矶上有人钓鱼，便快速跑过来看看养在鱼篓中的鱼。

"长根，快走，赶路要紧。"

"好啰!"仆人一蹦一跳地跟上主人赶路。

看着眼前这一幕，许询不觉有点惊疑。他脑海里快速盘算着：江南名人逸士我大都认识，唯独不识此人。听说中州名士孟嘉器宇非凡,莫非是他?可他来这里干什么?这么想着,不觉朝仆人吩咐:"阿勇,快靠船,你去问问刚才堤上过去的前辈,是否中州孟嘉?"

阿勇听得二少爷吩咐,忙叫船夫靠岸,自己快步追了上去。

孟嘉听到后面有人喊叫,又见一仆人模样的人在向长根打听自己,忙问道:"你家主人是谁?"

"前辈,我家主人叫许询,刚才船上看到你,他猜想你是……"

"哦,是许先生啊!"

这时,许询也赶了上来,一问果然是孟嘉前辈,欣喜万分。

"我本打算到山阴去拜访你,却不料在此遇到,真是上天安排啊!"孟嘉为自己在浦阳江畔偶遇许询,感到十分高兴。

"前辈这么匆忙赶去山阴,难道有什么急事?"

"不瞒你说,我此去山阴为了吊丧,故不能停留。待我回来,再来拜访你。"

原来,孟嘉当过江州刺史谢永的别驾。谢永是会稽人,去年上半年因病在江州刺史任上告老还乡,前几日刚去世。汉晋时,下级对上司吊丧送葬为当然之事,雅称赴义。孟嘉此番去山阴,正是为谢永吊丧。

"噢,这是急事,我就不留前辈了,等您办好事情回来,我们再详叙。"

许询见孟嘉有急事在身,也不便挽留,两人当即约定,三天后的下午,在尖山镇清风酒楼相会。

二

三天后的中午,许询早早吃好午饭,同阿勇一起来到湖边。

为了恭迎孟嘉前辈,许询前二日特意叫阿勇租了条大一点的船,今天上午又叫阿勇装饰了一番。眼前两把竹椅、一张茶几摆得恰到好处,茶几上的茶壶茶杯也擦得锃亮。阿勇不解,许询为何对孟嘉前辈这般尊敬?茗溪坞到尖山不过四五里路,走陆路不到半个时辰,为何要租船绕道巡游?

许询看出阿勇的心思,给他讲起了孟嘉的逸闻趣事。

原来孟嘉是江夏人,江夏孟氏是望族,世代以德著称。孟嘉虽然从小失去父亲,但他聪慧好学,学识渊博,才思敏捷,潇洒儒雅,为人和气正直,早年便名扬京城。后历任庐陵从事、江州别驾、征西将军参军等职,在任上受到了庾亮、褚衷、桓温等人的器重和欣赏。被庾亮选为劝学从事后,他在修建学校、宣传儒学方面,充分展示了自己的才智和德行。在去年发生的"龙山落帽"事件①中,孟嘉处乱不惊,落笔成章,文辞超卓,尽显他的镇静与才华。因同为文人,又见孟嘉

①　东晋时,大将军桓温在重阳佳节带上手下一行到龙山游玩,并设宴畅饮。席间,才学过人的幕僚孟嘉因戴不惯军帽,帽子被风吹落。桓温让参军孙盛写一篇文章与他的帽子放在一块嘲笑他。结果孟嘉不假思索,从容地写出一篇理由充分的答文,文采超绝,震惊四座。现在用"龙山落帽"形容人气度恢宏,临乱不惊。

初来会稽，故许询特意安排了这次游览，也是想让前辈领略一下会稽的水乡风光，放松一下，消除多日疲劳。

许询这么一说，阿勇恍然大悟。

"怪不得前几天你一定要坐船，原来也是为了欣赏这里的风景。"

"哈哈！"许询会意地一笑。

不到一个时辰，他们来到了尖山镇。尖山镇虽说是一个集镇，其实只有一条直街、两家酒楼、五六家杂货店，上午周边的人来赶集，还算热闹，一到晌午就冷冷清清了。

许询上岸后，直接来到清风酒楼，选了一个临江靠窗的位置坐下。他估计孟嘉前辈没有半个时辰是赶不到这里的，就叫店小二泡了一壶茶，一边喝茶一边欣赏江面上的风景。清风酒楼位于河埠头边，从窗口望出去，碧绿的江水从眼前缓缓流过，几个老妇正在石板上边捣衣边聊天。远处，前几天见到的鸬鹚船又在捕鱼，阿勇和船夫已停好船，正喜滋滋地看着渔人从鸬鹚口中夺下一条条白条鱼。

"新裂齐纨素，皎洁如霜雪。裁作合欢扇，团团似明月……"忽然外面传来一阵吟唱声，许询觉得好奇，这小镇还有人吟诗，吟的还是班婕妤的《团扇歌》，他准备去探个究竟。

"小二，这是谁在吟唱？"

"噢，是隔壁的阿竹师傅。"

"噢，我去看一下，马上回来。"许询一边说着一边出门来到街上。过了一个店面，只见一家门店上方悬挂着一块"阿竹篾坊"的匾额，店里放着各种竹器，有竹椅、竹篮、蒸笼、立桶、团箕、凉席……大到晒席（晒稻谷用），小到竹筷，应有尽有。一位四十岁光景的师傅一面吟唱，一面整理着手中已成形的扇子。

"师傅好手艺啊！这么精致的扇子，我还是头一回见到。"

"哦，谢谢！这活费工夫啊！别说刮青剖篾，光是到黄竹山找上好的黄竹，我就花了两天工夫。"阿竹师傅讲的黄竹山在永兴县东三十三里的地方，其他地方几乎找不到黄竹。

"黄竹？这我倒听说过，相传是范蠡路过永兴时遗失马棰，后马棰落处生笋为竹，竹色微黄。"

"是这么传说的。做竹扇要选阴面的隔年黄竹，那样经过稍微蒸熏，不仅韧性足，而且呈玉白色。"

"做得这么精致，莫非是哪家小姐定的？"

"先生好眼力，这几把扇子是谢家谢金龙的千金派人来定做的，她要送给山阴的几个表妹。"

"阿竹师傅，我家小姐的扇子做好了没有？"许询和阿竹师傅刚聊上几句，就被一阵清脆悦耳的声音打断，接着一个十三四岁的女孩风风火火地跑了进来。

"阿竹师傅，我家小姐的姑姑明天要回山阴了，今天我一定要把扇子带回去。"

"放心！放心！你看最后一把扇子刚刚做好，不知你家小姐会满意么？"阿竹师傅递上三把扇子，满脸堆笑地说。

"满意！肯定满意！我家小姐说了，你做的扇子精致轻巧，薄如蝉翼，透光不漏风，比丝绸做的还要好。"

许询听了他们的对话，若有所思。估计孟嘉前辈也快到了，就辞别了阿竹师傅，回到酒楼。坐在窗前，许询眼睛虽然望着窗外，但脑子里一刻不停地出现那把形如樱桃、薄如蝉翼的竹扇。突然许询像想到了什么。

"小二，有纸笔吗？"

"有，有，你看这好使吗？"店小二马上递上纸笔。

许询铺纸添墨，略一沉思，一首五言诗跃上了纸面。

良工眇芳林，妙思触物骋。

篾疑秋蝉翼，团取望舒景。

"好诗！好诗！先生下笔成篇，真是才子！"店小二看到许询如此才思敏捷，惊讶不已。

"先生，能否把这字赏给我？"

"你要是喜欢，尽管拿去。"许询见店小二喜欢，毫不吝惜。

"什么好东西，让我看看。"孟嘉刚进酒店，就见店小二拿着一幅字如获至宝，便打趣道。

许询见孟嘉来到，连忙起身相迎。

"前辈见笑了。"就把刚才的事说了一遍。

孟嘉拿过诗稿，见笔力雄厚，力透纸背，一首五言诗看后使人心驰神往,遐想无际,不禁脱口而出:"不愧为神童!"

"前辈,羞煞我也。"许询见孟嘉如此夸奖自己,也有点不好意思。

"前辈,这几天你路途劳累,我特意安排了一条小船,咱们到船上边喝茶边赏景如何?"

"那真是太好了,我也正想多领略一下这里的风景。"

于是,一船五人朝着凰桐江深处驰去。这凰桐江比浦阳江窄,河道两边芦花盛放,几只野鸭正在觅食。孟嘉望着眼前的景色,呷着阿勇刚沏的新茶,顿觉惬意无比。

"会稽真是好地方啊!前几天因赶路来不及细看风景,今天路经山阴古道,那景色真叫美,红红的柿子树,斑斓的乌桕和枫树,处处是画。而眼前的水乡,又是一片天地。"

"是啊,会稽山清水秀,四季分明。"许询回答道。

"咦,许先生,你为何流连于此地?"孟嘉知道许询家在山阴,不禁好奇地问道。

"噢,此事说来有趣,上个月我到前面的道林山寻采仙草灵芝,正巧碰到支通法师在那里讲学,他说前不久有人在高洪尖山的羊角峰采到过灵芝,叫我来这里看看。却不料,我到这里被眼前的山水所吸引,就索性在山脚下的茗溇坞村住了下来,至今已有五六天时间,还没有上山采过药呢。"

许询讲的道林山位于诸暨县和永兴县的交界处,此山层峦积翠,叠嶂连云。其北行的一道岗岭尽头,便是高洪尖山。

许询到这里寻采仙草灵芝是有缘故的。相传这一带深山老林中遍布仙人之宅和成仙之药。永和二年（346），高士许迈自桐庐桓山移入临安西山后，王羲之曾专门造访。许迈向王羲之介绍道："自山阴南至临安，多有金堂玉室，仙人芝草，左元放之徒，汉末诸得道者皆在焉。"①可见，当时这一带不仅有仙人住所和成仙之药，而且像东汉末年著名方士左元放等得道者都隐居在这一带。

许询这么一说，孟嘉心有所悟，连连称道："难怪这一带云兴霞蔚，仙气盎然，原来是神仙之地啊！"

说话间，船已进了新河口，沿着桃湖、童家山弯弯曲曲的河道，到了紫湖。

"前辈，这紫湖的前方有两条河，左边的叫桃花溪，听说到了春天桃花盛开的季节，落花顺着溪水漂流，煞是好看。右边的叫梨花河，两岸种的全是梨树，我们往梨花河走。"

孟嘉放眼望去，见前方河道呈"Y"形，此时桃花溪中虽无桃花，但两岸桃树长势茂盛，可以想象春天桃花盛开时的景色。船很快进入了梨花河，行驶不到二里，就进入大湖，坐在船上给人豁然开朗的感觉。

"前辈，我就借住在前面山脚下的小山村。"

孟嘉抬头望去，只见湖水尽头的山脚下，居住着十多户人家，袅袅升起的炊烟与高洪尖半山腰的云雾连成一片，瞬间增添了一种仙气和神秘感。

---

① 房玄龄等：《晋书》，中华书局1974年版，第2107页。

"真是人间仙境啊！难怪你舍不得离开这里，莫非要在这里做世外神仙？"

许询笑道："若崇尚世外神仙，怎能遇上前辈你，不过这里的山水真的很美，待明天我带前辈到附近走走。"

说话间船已靠埠头，他们上得湖岸，边走边说，不觉来到靠山的一个院子。说是院子，其实是一座废弃多年的小庙，三间正房利用一个山洞搭成，左右各二间厢房，用来烧饭和存放柴火等杂物。荒废多年的院子，经许询一收拾，虽说有点简陋，但别有一番风味。这时仆人已准备好酒菜，当晚的宴席虽然没有玉盘珍馐，但丰盛的江鲜山味，加上醇香四溢的米酒，助二位喝到了月明星稀。

孟嘉和许询称得上真正的忘年交，论年龄孟嘉要长许询三十多岁，但他对眼前这位年轻人敬重有加。早年他就听说，这位"神童"不仅才华横溢，而且人品极佳。特别是前几年会稽西寺与王修的辩论，使许询誉满京城。① 这次到山阴又听到许多名士对许询称赞不已。如今一见本人，其仪表气度，言谈举止，学识涵养，真的非同一般，不由得暗暗称奇。

而许询对孟嘉更为敬重，他总认为人品比其他都重要。

---

① 刘义庆《世说新语·文学第四》："许掾年少时，人以比王苟子，许大不平。时诸人士及支法师并在会稽西寺讲，王亦在焉。许意甚忿，便往西寺与王论理，共决优劣。苦相折挫，王遂大屈。许复执王理，王执许理，更相覆疏，王复屈。许谓支法师曰：'弟子向语何似？'支从容曰：'君语佳则佳矣，何至相苦邪？岂是求理中之谈哉！'"

孟氏世代以德著称,孟嘉从小聪慧过人,早年就名扬京城。特别是去年发生的"龙山落帽"一事,尽显他的才华与机灵。所以,两个人虽是初次相见,却相见恨晚,彼此十分投缘,像是多年的老朋友。

三

翌日,许询陪孟嘉游玩了附近的山水。他们沿着高洪尖山往西走,远远望去,只见古木参天,云雾缭绕。行至关王岭脚,许询指着左边峡谷道:"前辈,这里有仙境奇闻,前面有个山洞,当地人叫'桃源洞'。进入这个山洞,就能看到仙境全貌,听说里面曾经住过一批神仙。"

"为何称他们神仙?"孟嘉惊问。

"因为他们与世隔绝,过着自由自在的生活,而里面的田野景色又十分美丽,宛如天上仙境,所以,称他们为神仙。"

"那现在怎样?"

"听说有个渔民迷路进洞出来后,把里面的情况告诉了官府,太守说他们逃避赋税劳役,就派人将他们全部赶出洞,还毁坏了里边的房屋。时至今日,洞内已无人居住了。"许询介绍道。

"果真如此,我们不妨去看看。"

他们沿着峡谷进入"桃源洞",出得山洞,但见一片开阔地,有良田美池,阡陌交通,桑竹满坡。虽荒无人烟,但当年的盛景可以想象。

"可惜,太可惜了。"孟嘉看了洞内的景象,连连叹息。

时间过得很快,不知不觉孟嘉在许询处已住了两宿。他们之间有说不完的话,许询还想挽留孟嘉多住几日,孟嘉也有此意,只是重任在身,身不由己。原来孟嘉的主公桓温今年八月由安西将军晋升为征西大将军后,又在谋划新的动作。① 孟嘉临走时,桓温反复叮咛:"快去快回,诸多大事需要尽快商量办理。"所以,孟嘉也不好再多耽搁,只得告别许询,从渔浦上船,直奔荆州。

孟嘉回家后,把富春江、山阴古道的一路风景,"桃源洞"的仙境奇闻,以及结交许询的事告诉了家人,他的家人听后羡慕不已。至于孟嘉的外孙陶渊明,日后心心念念着会稽山水,并据此写就了传诵千古的《桃花源记》,那是后话了。

---

① 司马光《资治通鉴·晋纪二十》:永和四年(348)秋八月,"加温征西大将军、开府仪同三司,封临贺郡公"。

第二章 出身名门

悠悠我祖……历世重光。

——《命子·其一》

一

公元365年深秋的一个早晨,寻阳郡柴桑县上京里(今江西九江市)陶逸家一个男婴呱呱落地,其清亮而有节奏的啼哭声,吸引了家族长辈和街坊邻居围观,大家都说:"这个小孩如此有气力,今后必定有出息。"[①]这个男婴就是日后被人们誉为"隐逸诗人之宗""田园诗派之鼻祖"的陶渊明。

陶渊明出生时,其父亲陶逸虽然只是安城太守,[②]但这丝

————————

① 陶侃因平定杜弘与温邵有功,"以功封柴桑侯,食邑四千户"。此后,其家族陆续从寻阳县迁徙柴桑县。逯钦立《陶渊明集》注:"上京,盖柴桑一里名。"下引李公焕注:"《南康志》:近城五里,地名上京,亦渊明故居。"

② 房玄龄等《晋书·陶侃传》记载,陶侃有十七个儿子,而传中只提到"洪、瞻、夏、琦、旗、斌、称、范、岱"九个儿子,余者名声并不显。南宋邓名世《古今姓氏书辨证》:"侃生员外散骑岱,岱生晋安城太守逸,逸生彭泽令,赠光禄大夫潜。"李公焕《命子》诗注引陶茂麟《家谱》,以为渊明祖名岱,为散骑员外,父名逸,为姿城太守。陶澍《靖节先生年谱考异》:"考《晋书·地理志》《宋书·州郡志》,皆无姿城……当以安城为是。"逯钦立《关于陶渊明》:"曾祖陶侃是东晋皇朝的开国元勋,官至大司马,封长沙郡公……祖父陶茂做过武昌太守,父亲陶逸做过安城太守,仕宦已历三世。"可见,渊明的祖父"岱"即"茂",陶渊明父亲名逸。

毫无损于他显赫荣耀的家世。这一点我们可以从他日后叙述家族历史，赞扬祖德功勋的《命子》诗中看出：

悠悠我祖，爰自陶唐。邈为虞宾，历世重光。
御龙勤夏，豕韦翼商。穆穆司徒，厥族以昌。

纷纷战国，漠漠衰周。凤隐于林，幽人在丘。
逸虬绕云，奔鲸骇流。天集有汉，眷予愍侯。

於赫愍侯，运当攀龙。抚剑风迈，显兹武功。
书誓山河，启土开封。亹亹丞相，允迪前踪。

浑浑长源，蔚蔚洪柯。群川载导，众条载罗。
时有语默，运因隆寙。在我中晋，业融长沙。

桓桓长沙，伊勋伊德。天子畴我，专征南国。
功遂辞归，临宠不忒。孰谓斯心，而近可得？

肃矣我祖，慎终如始。直方二台，惠和千里。
於皇仁考，淡焉虚止。寄迹风云，冥兹愠喜。
…………

陶渊明对自己祖先功业的叙述，带有十分自豪的语气和敬仰的心情，他从尧帝陶唐氏始，历数夏商周汉晋先祖的功德。诗中赞扬陶舍以武功封侯："於赫愍侯，运当攀龙。抚剑风迈，显兹武功。书誓山河，启土开封。"歌颂位列三公的陶青："亹亹丞相,允迪前踪。"颂扬曾祖陶侃功高德厚："桓桓长沙,伊勋伊德。天子畴我,专征南国。功遂辞归,临宠不忒。孰谓斯心,而近可得。"赞颂祖父陶茂稳重惠和："肃矣我祖,慎终如始。直方二台,惠和千里。"陶渊明描述陶氏历代有功业人物的目的,是为了证明陶氏始祖遥远神圣,血脉正统高贵。在叙述中,陶渊明还不忘向人们传递陶家的处世理念,即时兴而起,忠君勤王,建功立业。"於赫愍侯,运当攀龙。抚剑风迈,显兹武功。"时去归隐,独善其身。"时有语默,运因隆寙。"

除陶氏显赫门第外,陶渊明外公孟嘉所在的孟氏一族,也是以德行著称的武昌望族。孟嘉的曾祖父孟宗,是孟子的十八世孙,是一个有名的大孝子。《二十四孝》中的"孟宗哭竹",就是讲他为让年老病重的母亲吃上鲜嫩的竹笋,到竹林扶竹哭泣的故事。孟宗后来出仕孙吴,官至三公之一的司空。孟嘉的祖父孟揖在西晋元康年间也做过庐陵太守。

这里值得一提的是,从陶氏家族衍生过程看,自陶侃逝世后,虽然他的子孙仍有人担任地方大员和朝廷命官,如陶渊明的祖父陶茂当过武昌太守,父亲陶逸当过安城太守,但实际上整个家族已经迅速衰落。究其原因:一方面是由于陶侃诸子多有不孝,相互残杀。另一方面,觊觎陶侃生前权位的庾亮,在陶侃逝世后以各种堂而皇之的理由削弱陶氏势力。①

① 余嘉锡笺疏《世说新语·文学第四》第九十七条:"陶侃为庾亮所忌,于其身后奏废其子夏,又杀其子称,由是陶氏不显于晋。当宏作赋时,陶氏式微已甚。其孙虽嗣爵,而名宦不达。"

尽管如此，祖辈的功勋业绩，奋斗精神，秉性修养，在陶渊明幼小的心灵中已经留下了深刻影响。这中间，曾祖父陶侃和外祖父孟嘉，对陶渊明的成长影响最大。

陶侃出身贫寒，先后任武昌太守、荆州刺史，官至侍中、太尉、荆江二州刺史，都督八州诸军事，封长沙郡公。去世后，获赠大司马。陶侃平定陈敏、杜弢、张昌起义，作为讨伐军盟主平定了苏峻之乱，为稳定东晋政权立下了赫赫战功；他治下的荆州，史书记载"路不拾遗"；他精勤于吏职，不喜饮酒赌博，为世人所称道。

孟嘉早年便名扬京师，历任庐陵从事、江州别驾，征西大将军桓温的参军、从事中郎、长史等。在任上受到了庾亮、褚裒、谢永、桓温等人的器重和欣赏，还得到了晋穆帝司马聃的亲切接见。

孟嘉是陶侃的女婿，他娶了陶侃的第十个女儿为妻，孟嘉的第四个女儿孟氏又嫁给了陶侃的孙子陶逸，陶逸和孟氏就是陶渊明的生身父母。所以，陶孟两家属累世婚姻。正是由于这层血缘关系，陶渊明对曾祖父陶侃和外祖父孟嘉的功勋德行十分了解，无比崇拜，并处处以两位前辈为榜样，进德修业，以求功名。因此，在陶渊明身上，我们随处可见陶侃和孟嘉的影子。

二

入仕为官，大济苍生，这是儒家一贯秉持的观念，也是士人追求的目标。陶侃和孟嘉也不例外。

陶侃的父亲是东吴扬武将军陶丹，但陶丹英年早逝，家里失去顶梁柱，十分贫穷。但这丝毫不影响陶侃树立远大的志向。

> 陶公少有大志，家酷贫，与母湛氏同居。同郡范逵素知名，举孝廉，投侃宿。于时冰雪积日，侃室如悬磬，而逵马仆甚多。侃母湛氏语侃曰："汝但出外留客，吾自为计。"湛头发委地，下为二髲，卖得数斛米；斫诸屋柱，悉割半为薪；锉诸荐以为马草。日夕，遂设精食，从者皆无所乏。逵既叹其才辩，又深愧其厚意。明旦去，侃追送不已，且百里许。逵曰："路已远，君宜还。"侃犹不返。逵曰："卿可去矣，至洛阳，当相为美谈。"侃乃返。逵及洛，遂称之于羊晫、顾荣诸人，大获美誉。
>
> ——刘义庆《世说新语·贤媛第十九》

陶母湛氏为了招待客人，也为了儿子的前途，不惜将自己的头发剪下来换酒肴；把房柱子砍了，劈碎当柴火烧；把席子铡碎，当作马料。倾其所有，招待客人。范逵告辞去京都时,陶侃送了一程又一程,走了百里路,直到范逵答应为他美言推荐,才返回。可见,当时陶侃为了入仕做官,是不惜一切,也不顾自己的面子。

> 陶公少时,作鱼梁吏,尝以坩鲊饷母。母封鲊付使,反书责侃曰:"汝为吏,以官物见饷,非唯不益,乃增吾忧也。"
>
> ——刘义庆《世说新语·贤媛第十九》

陶母湛氏对儿子入仕为官是寄予很大希望的,她希望儿子志存高远,不能为一点蝇头小利毁了前程。因此,教子非常严厉,从陶侃年轻时,便教他为官清廉,心系百姓。

孟嘉幼年丧父,三十八岁前一直在家侍奉母亲,带着两个弟弟生活,但他入仕为官的理想一刻也不曾破灭。334 年被庾亮征召为庐陵从事,后又先后出任江州别驾,担任桓温的参军、从事中郎、长史,一路升迁,虽然最后没有做到"三公"之位①,但也得到了皇帝的亲切接见。

陶渊明同曾祖父陶侃、外祖父孟嘉一样,幼年丧父,家庭贫困。但他从小就聆听祖辈的这些励志故事,再加上当时江州一带儒学氛围浓厚,自己又接受母亲最正统的儒家启蒙教

---

① 陶渊明《晋故征西大将军长史孟府君传》:"光禄大夫南阳刘耽,昔与君同在温府,渊明从父太常夔尝问耽:'君若在,当已作公否?'答云:'此本是三司人。'"

育，因此，从小就立下了远大志向。

> 丈夫志四海，我愿不知老。
>
> ——《杂诗十二首·其四》

> 忆我少壮时，无乐自欣豫。
>
> 猛志逸四海，骞翮思远翥。
>
> ——《杂诗十二首·其五》

> 少时壮且厉，抚剑独行游。
>
> 谁言行游近？张掖至幽州。
>
> ——《拟古九首·其八》

陶渊明正是从小树立了这种远大的理想，所以，他日后屡次出仕，以求建功立业，有所作为。

三

陶渊明不仅在两位祖辈身上找到了人生奋斗的目标，从小立下远大志向，而且由于对祖辈的崇拜，他在风度、性格、爱好、习惯等方面都向两位祖辈学习，也因此留下了祖辈的影子。

1. 勤俭自强

> 侃在州无事，辄朝运百甓于斋外，暮运于斋内。

人问其故,答曰:"吾方致力中原,过尔优逸,恐不堪事。"其励志勤力,皆此类也。

——房玄龄等《晋书·陶侃传》

陶公性检厉,勤于事。作荆州时,敕船官悉录锯木屑,不限多少,咸不解此意。后正会,值积雪始晴,听事前除雪后犹湿,于是悉用木屑覆之,都无所妨。官用竹皆令录厚头,积之如山,后桓宣武伐蜀,装船,悉以作钉。

——刘义庆《世说新语·政事第三》

侃练核庶事,勤务稼穑,虽戎陈武士,皆劝厉之。有奉馈者,皆问其所由,若力役所致,欢喜慰赐;若他所得,则呵辱还之。是以军民勤于农稼,家给人足……侃勤而整,自强不息。又好督劝于人,常云:"民生在勤,大禹圣人,犹惜寸阴,至于凡俗,当惜分阴。岂可游逸,生无益于时,死无闻于后?是自弃也。又老庄浮华,非先王之法言而不敢行,君子当正其衣冠,摄以威仪,何有乱头养望,自谓宏达邪?"

——余嘉锡《世说新语笺疏·政事第三》

侃尝检校佐吏,若得樗蒲博弈之具,投之曰:

"樗蒲，老子入胡所作，外国戏耳。围棋，尧、舜以教愚子。博弈，纣所造。诸君国器，何以为此？若王事之暇，患邑邑者，文士何不读书？武士何不射弓？"谈者无以易也。

——余嘉锡《世说新语笺疏·政事第三》

陶侃入仕后，围绕人生的奋斗目标，严于律己，克勤克俭，善于管教，不断进取，从军四十余年来，不仅带出了一支战无不胜、威震四方的军队，而且功勋显赫，深受百姓爱戴。他这种勤俭节约、严于律己、自强不息的精神，作为陶氏的家教，在陶渊明身上也有体现。

先师遗训，余岂云坠。

四十无闻，斯不足畏。

脂我名车，策我名骥。

千里虽遥，孰敢不至。

——《荣木》

2. 高贵儒雅

太傅河南褚裒，简穆有器识，时为豫章太守，出朝宗亮，正旦大会州府人士，率多时彦，君坐次甚远。裒问亮："江州有孟嘉，其人何在？"亮云："在坐，卿但自觅。"裒历观，遂指君谓亮曰："将无是耶?"亮欣然而笑,喜衰之得君,奇君为衰之所得,乃益器焉。

....

君尝为刺史谢永别驾。永,会稽人,丧亡,君求赴义,路由永兴。高阳许询,有隽才,辞荣不仕,每纵心独往,客居县界。尝乘船近行,适逢君过,叹曰:"都邑美士,吾尽识之,独不识此人。唯闻中州有孟嘉者,将非是乎?然亦何由来此?"使问君之从者。君谓其使曰:"本心相过,今先赴义,寻还就君。"及归,遂止信宿,雅相知得,有若旧交。

——《晋故征西大将军长史孟府君传》

褚衰和许询都是东晋名士,一个是当朝皇后的父亲、大政治家,一个是著名诗人、清谈家,他们都能从孟嘉的外表猜出其身份,这说明孟嘉身上确实有一种独特的高贵气质。

九月九日,温游龙山,参佐毕集,四弟二甥咸在坐。时佐吏并著戎服。有风吹君帽堕落,温目左右及宾客勿言,以观其举止。君初不自觉,良久如厕,温命取以还之。

——《晋故征西大将军长史孟府君传》

帽子吹落还能保持镇定自如,这实际上是一种处变不惊的本领。在东晋,这种高贵和镇静的结合,体现了士族的风度。陶渊明由于文化教养、时代风习、家风熏陶,在他的身上也有士族阶层所具有的生活态度、生活习惯和生活意识,这点我们可以从他的有关诗文中得到印证。

> 渊明少有高趣,博学善属文;颖脱不群,任真自得。
>
> ……
>
> 江州刺史王弘欲识之,不能致也。
>
> ——萧统《陶渊明传》

> 纵浪大化中,不喜亦不惧。
>
> ——《形影神·神释》

陶渊明在生活中,不仅把高贵和镇静这种魏晋风度在不经意间展现得淋漓尽致,而且,随着生活经验的积累,逐渐悟出了在乱世中的处世方法。如他晚年曾告诫颜延之"独正者危,至方则碍"。

3. 知恩图报

陶侃少年时,其父亲的朋友范逵见陶侃家贫有志,品行端正,遂将他推荐给张夔①、羊晫、顾荣,使陶侃走上了官宦之路。陶侃对此铭记于心,被封长沙郡公后,逐一回报。

> 侃命张夔子隐为参军,范逵子珧为湘东太守,辟刘弘曾孙安为掾属,表论梅陶,凡微时所荷,一餐咸报。
>
> ——房玄龄等《晋书·陶侃传》

陶渊明也有类似的报恩思想,这或许也是家教的传承。

> 感子漂母惠,愧我非韩才。
> 衔戢知何谢,冥报以相贻。
>
> ——《乞食》

4. 积极用世

> 侃性聪敏,勤于吏职,恭而近礼,爱好人伦。终日敛膝危坐。阃外多事,千绪万端,罔有遗漏。远近书疏,莫不手答,笔翰如流,未尝壅滞。引接疏远,门无停客。常语人曰:"大禹圣者,乃惜寸阴,至于众人,当惜分阴,岂可逸游荒醉,生无益于时,死

---

① 张夔,西晋官员,任庐江太守时,曾任陶侃为主簿,并举其为孝廉。

无闻于后,是自弃也。"

——房玄龄等《晋书·陶侃传》

陶侃无论是初任县吏(鱼梁吏),还是后来陆续出任郡守、刺史、侍中、太尉,都能做到严于律己,勤于吏职、自强不息,以民为先,忠君勤王。特别是在屡次平乱中,战功至伟。

孟嘉虽然没有陶侃一样的功勋,但在历任庐陵从事、江州别驾,征西大将军桓温的参军、从事中郎、长史时,都能做到兢兢业业,为上司所器重和欣赏。

陶渊明六次出仕,中间虽然由于秉性使然,不愿同流合污,抑或为母丁忧等原因中断,但是他每次出仕时,都是豪情满怀,立志建功立业。

5. 崇尚自然

好酣饮,逾多不乱。至于任怀得意,融然远寄,旁若无人。温尝问君:"酒有何好,而卿嗜之?"君笑而答曰:"明公但不得酒中趣尔。"

——《晋故征西大将军长史孟府君传》

故老赠余酒,乃言饮得仙。

试酌百情远,重觞忽忘天。

天岂去此哉?任真无所先。

——《连雨独饮》

"任怀得意，融然远寄"，"试酌百情远，重觞忽忘天"。陶渊明和孟嘉一样，任真率性，人格自然，连喝酒的理论都如出一辙。

> 门无杂宾，尝会神情独得，便超然命驾，径之龙山，顾景酣宴，造夕乃归。
>
> ——《晋故征西大将军长史孟府君传》

孟嘉每当内心有感悟之时，便超然驾车，直上龙山，顾影痛饮，对歌自然。

> 又问听妓，丝不如竹，竹不如肉，答曰："渐近自然。"
>
> ——《晋故征西大将军长史孟府君传》

丝乐之所以不如管乐，管乐之所以不如歌唱，这是因为渐渐接近自然的缘故。孟嘉对自然的理解是透彻的，对自然的崇拜也是真诚的。

陶渊明对自然也有同样的追求。

> 常言五六月中，北窗下卧，遇凉风暂至，自谓是羲皇上人。
>
> ——《与子俨等疏》

久在樊笼里,复得返自然。

——《归园田居·其一》

从上面的简单比对中,我们可以看到在陶渊明身上,到处都有陶侃、孟嘉的影子。逯钦立曾说:陶渊明"存心处世,颇多追仿其外祖辈者"。由于陶渊明对外祖父孟嘉特别崇拜,并在日常生活中模仿其言谈举止,故陶渊明成长为一个活脱脱的小孟嘉。

李长之在《陶渊明的两个重要先辈——陶侃和孟嘉》一文中认为,陶侃影响陶渊明的,是一种出身寒微的人所有的质朴和有力的勤奋。孟嘉影响陶渊明的,是一种士族阶层所有的高贵与镇静相结合的旷远。因此,陶渊明一方面像一个普通农民那样勤俭,肯劳动,有一种刚性;另一方面,又像一个士人贵族那样含蓄,有教养,表面冲淡和平。

李长之的这个评价,的确是一语中的。

限于本文结构,我们先把陶、孟两个家族的脉络,特别是陶侃和孟嘉对陶渊明的主要影响做以上交代。

第三章　游学会稽

在昔曾远游，直至东海隅。

——《饮酒二十首·其十》

一

　　陶渊明母亲孟氏从小生活在较富裕的家庭中，父亲孟嘉、外公陶侃名震当世。她从一懂事起，接受的就是最正统的儒家教育。母亲从小告诫她："男孩应武能提枪杀敌安邦，文能拾笔经世立传。你虽为女儿身，也应熟读经书，明辨事理，擅长女红，日后好相夫教子，光耀祖宗。"孟氏从小聪慧好学，琴棋书画，经书典籍，样样精通。特别是《孟子》的七篇文章①，更是倒背如流，尽得精髓。陶渊明出生后，孟氏也倾心教育。渊明还在襁褓中时，孟氏就给他念叨《孟子》中的警句。到渊明会走路时，又鼓励他和小伙伴奔跑游戏，舞刀弄枪。偶尔有点皮肉伤，也视而不见，目的是培养渊明有一个强壮的身体和坚强的性格，日后好走上仕途。所以，陶渊明的童年是快乐幸福的。

_____

　　① 班固《汉书·艺文志》著录《孟子》十一篇，现存七篇十四卷。

但好景不长,陶渊明八岁时,父亲陶逸病故。从此,陶家失去了顶梁柱,一家四口的生活一落千丈,日常生活全靠自家田地的收成。六朝时,士族通常在城邑居住,但他们在郊外都有自己的庄园。陶渊明家虽住在上京,但在离城邑不远的地方也有自己的庄园——"园田居"。平时田间耕作由佃客打理,一到农忙就要请人帮忙。陶逸去世后,孟氏有意培养儿子吃苦精神,常常带渊明到"园田居"去看看,有时还住上一宿,让儿子从小体会生活的艰辛。当然更多的时候,孟氏还是督促渊明熟读经书,勤练剑术。"少年罕人事,游好在六经",正是这种生活的写照。

陶逸去世时,家中除了孟氏、渊明外,还有渊明的庶母和一个妹妹①。一家四口人有时吃了上顿没下顿,生活实在艰难。这时,孟氏就会带着一双儿女到娘家求助,家里的事全交给渊明的庶母打理。陶氏看到女儿这般境况,不禁潸然泪下。好在孟家家境还算富裕,接济三口人吃住不成问题。所以,陶渊明小时候多在外祖父家生活。孟嘉藏书众多,虽然已去世多年,但书房仍打扫得干干净净,始终保持着原来的陈设。渊明一进书房,如鱼得水,看书常常废寝忘食。孟氏对书房也情有独钟,一走进这三十多平方米的房间,马上回到小时候读书的场景。在这里她通读经书,抚琴高歌,听父

---

① 陶渊明有一个比他小三岁的同父异母妹妹,因嫁给程家,故称程氏妹。程氏妹于义熙元年(405)十一月在武昌去世,陶渊明曾辞去彭泽令前往奔丧。一年半后,陶渊明为她写下《祭程氏妹文》。

母讲述祖辈的为人处事、功德伟业。她记得最清楚的一件
事,就是那年父亲从会稽吊丧回来,同家人讲的一路见闻:那
富春江上灵动的景色,山阴道上绮丽的风光,"桃源洞"里的
梦幻仙境,许询的才智神韵……当时,他们兄妹几个听得如
痴如醉,大家暗暗发誓,长大后一定要到会稽去看看。可转
眼二十多年过去了,自己已为人母,不禁感叹光阴似箭。

在娘家的日子里,孟氏除督促陶渊明诵读经书,勤练剑
术,就是给儿女们讲父亲孟嘉的故事。当渊明听了外公在会
稽的故事后,认真地对母亲说:"我长大后,一定要去永兴,看
'桃源洞',寻访玄学大师许询的客居地。"

虽然生活贫困,但书香门第出身的孟氏,对陶渊明兄妹
的学习从未放松。待稍大一点,就先后送他们到私塾求学,
还鼓励他们习作诗歌赋文。所以,渊明像他母亲一样,从小
聪慧好学,诗歌文章写得有模有样。渊明的外婆时常夸奖
他:"这点颇像外公。"

星移斗转,一转眼渊明长到了十九岁。这年冬至,渊明
刚从田园回来,还没到家就听见家叔陶夔和母亲在说话,他
兴奋得三步并作两步奔回家。

"叔父,你回来啦。"

"噢,渊明回来了。哟,现在长得一表人才,比我还
高呢。"

"人是长大了,但老是围着田地转,这样也不是长久之
计。"孟氏见叔侄俩亲切无比,就顺便说道。

陶渊明的祖父陶茂有三个儿子,老大陶逸生了陶渊明和程氏妹,老二生了陶敬远。老三陶夔虽然已成家,但眼下无子嗣,自兄长陶逸去世后,做官的他一直接济着兄长撇下的一家人,时不时来看看,送点钱或柴米之类。见嫂子为渊明前途担忧,就趁机说道:"本来我去年就想同你们商量这件事,只是世道不太平。现在好了,淝水之战胜利后,国家的外患暂时消除,国内也稳定了。现在渊明也长大了,应该出去求学,见见世面,顺便结交一些世族名流,以便为日后走上仕途打好基础。"

对于外出求学,陶渊明以前也不是没有想过,只是母亲身体不好,妹妹又小,自己离开家,一家人如何生活?想当年外公为了照顾母亲和两个弟弟,三十多岁还未曾离开家。想到这里,就说道:"子曰:'父母在,不远游。'"

"渊明,我们这一族的兴旺,全靠你和敬远了。眼下你敬远弟还只有三岁,你这个年龄应该出去见见世面了,孔子虽说'父母在,不远游',但你别忘了还有一句话叫'游必有方',我们是去求学,学本领,不是漫无目的地云游,家里的事你放心好了,有我呢。"

"是啊,家里的事你不要担心。你妹妹今年嫁到程家后生活得很好,田间我也会请佃客打理。总之,家里有我操持,还有你叔叔照应,你放心好了。"

"我真的放心不下家里。"听了叔父和母亲的话,渊明喃喃地说。

"放心吧！你这个年龄应该出去开开眼界了，你看人家王修十二岁写就《贤人论》，许询和你外公相遇那年，估计也就你这个年龄，已名噪京城。听叔叔话，放心求学去吧！"

渊明想想也对，人家在我这个年龄，要么名扬京城，要么立功沙场。我老是围着田地转，读这么多书又有何用？这么一想，当即答应了外出求学。

陶夔一听渊明同意游学，高兴得合不拢嘴，答应马上筹措经费，供渊明游学。

二

陶渊明从小崇尚英雄，除了曾祖父陶侃外，他对三国的周瑜，本朝的谢安、谢玄、谢石、刘牢之等佩服得五体投地。谢安、谢玄、谢石和刘牢之在刚刚结束的淝水之战中，以八万将士战胜了号称一百万大军的前秦，保住了东晋的大好河山，功垂千秋。而周瑜文武兼备，胆略过人，器量广大，忠君勤王，是难得的将才。[1] 陶渊明从小崇拜周瑜，在农闲时，常常和小伙伴一起到柴桑城外的甘棠湖畔瞻仰周瑜遗迹[2]，有时还在周瑜演练水军的点将台上比画几下。这次去建康游

---

[1]　陈寿《三国志》卷五十四《周瑜鲁肃吕蒙传》："公瑾雄烈，胆略兼人，遂破孟德，开拓荆州，邈焉难继，君今继之。""公瑾文武筹略，万人之英，顾其器量广大，恐不久为人臣耳。"

[2]　甘棠湖在今九江市。相传，赤壁之战前周瑜在此操练水师，现存"周瑜点将台"。

学,在路过庐江时,他还特意到周瑜的墓前祭拜了一番。

京城是皇亲国戚和贵族集中居住的地方,陶渊明到京城建康时,还是农历正月,满街灯笼高挂,一派喜庆氛围。他原本想凭借长沙公陶侃曾孙的名声在京城结交一些世族名流,可不承想京城人的门第观念十分严重,他们看重的是祖、父两辈的官职。陶渊明祖父和父亲虽然当过太守,但按晋朝的门第标准,只能算是寒素士人。所以,当京城人听说他是陶侃的曾孙,根本不屑一顾,有的甚至嘲笑他是"溪狗"的后代。几天下来,陶渊明弄得灰头土脸,产生了强烈的自卑感。好在还有几个世族后代,彼看重前辈的交情,主动与陶渊明交好,其中就有孙盛的孙子孙秉。孙秉是孙盛次子孙放的儿子。孙秉的儿子孙康就是成语囊萤映雪中"映雪"的主角,后来成为大学者,官至御史大夫。

孙盛早年先后担任过陶侃、庾亮、庾翼、桓温的僚佐,在担任桓温谘议参军时,与孟嘉是同僚。著名的"龙山落帽"故事中,桓温命人取来纸笔,叫孙盛写几句话嘲笑孟嘉一下,结果孟嘉不假思索,落笔写下了一篇文采超绝的辩护文章,震惊四座。从此,孙盛对孟嘉佩服得五体投地,私下里二人也成了好朋友。孙盛正直德盛,他著的《晋阳秋》"词直理正,咸称良史"。桓温第三次北伐前燕时,在枋头大败,孙盛如实记录于《晋阳秋》。桓温得知此事后大怒,对孙盛的儿子说:"枋头诚为失利,何至乃如尊君所说?若此史遂行,自是关君门户事。"并以杀身灭族相威胁。孙盛诸子闻讯大惧,皆哭泣跪拜于地，请父亲删改。哪知孙盛拒不屈服于桓温淫威，坚持按实书史，不退半步。孙盛晚年官至秘书监，加给事中。所以，他的后代大多落脚在京城建康。

孙秉看陶渊明来自乡邑，对皇城的一切都感到好奇，于是就带他四处逛逛。他们边走边聊，说得最多的自然是桓温。

大司马桓温有才干，懂谋略，随着地位和声望的提升，暗怀篡位之心。他曾经对亲信说："男子不能流芳百世，亦当遗臭万年！"①早年丹阳尹刘惔就看出桓温有野心，曾对会稽王司马昱说："不可以使桓温掌握山川形胜之地。"可司马昱不听，结果养虎为患。桓温位高权重时，频露杀机，最典型的就是他废司马奕为东海王。

桓温第三次北伐失败后，声望大不如前，为重振旗鼓，树立权威，和参军郗超密谋，决定废黜司马奕，自立皇帝。"帝素谨无过，而床笫易诬。"②于是，桓温便诬陷司马奕阳痿不能生育，三个皇子是嬖人相龙、计好、朱灵宝与后宫美人田氏、孟氏所生，如此建储立王，将倾移皇基，并以此威逼褚太后下诏废司马奕为东海王，立丞相、会稽王司马昱为帝。太后无奈，只好照办。

---

① 房玄龄等《晋书·桓温传》："然以雄武专朝，窥觎非望，或卧对亲僚曰：'为尔寂寂，将为文景所笑。'众莫敢对。既而抚枕起曰：'既不能流芳后世，不足复遗臭万载邪！'"

② 司马光：《资治通鉴》，中华书局2007年版，第1226页。

会稽王司马昱虽然在桓温拥戴下登上了皇位，但实际上是个傀儡，终日郁郁，登基不到九个月就病死了。

"你看前面御道旁的大樟树，据说当年东海王的三个儿子，就是被桓温吊死在这里的。"

"这个桓大司马，真是太残忍，太可恶了！我外公和你祖父当年在他手下做事，肯定受了不少气。"

"那是肯定的，好在他当荆州刺史这段时间，篡位之心还没有这么显露。哎，不提他了，我们到前面的清谈场所去看看。"

清谈始于东汉末年，当时许多士大夫为了躲避宦官迫害，不再参与政治，转而醉心于清谈，即不谈国事民生、执政之道，只聊有关老庄之道的相关理论问题，并进行逻辑辩论，直到分出高下。冯友兰曾对清谈有过精辟的描述："清谈的艺术在于，将最精粹的思想，通常就是道家思想，用最精粹的语言，最简洁的词句，表达出来。所以它是很有讲究的，只能在智力水平相当高的朋友之间进行，被人认为是一种最精妙的智力活动。"①当时的清谈，既是高贵风雅之举，也是展示自己才华的极好平台。到了东晋，由于一些清谈家掌握了朝政大权，清谈范围逐渐扩大到山水、人生和社会，清谈之风愈演愈烈。清谈已成为一种时尚，不仅一般士人热衷清谈，就连皇亲国戚重臣，都热衷于清谈。东晋时期的王导、庾亮、殷

---

① 　冯友兰：《中国哲学简史》，北京大学出版社2013年版，第221页。

浩、桓温、谢安、王述等都是清谈高手。《世说新语》曾记载会稽王司马昱府邸的清谈盛况和丞相王导与中军殷浩的清谈场景。

陶侃和孟嘉独尊儒学，鄙视清谈，重视实干。在这种氛围下成长起来的陶渊明，自然无意于《老子》《庄子》《周易》等三玄之书，更不喜欢清谈。不过，这次既然是游学，他也想去见识一下，于是陶渊明随孙秉来到一处清谈场所。孙秉似乎是这里的常客，一进门便同几位士人一一打招呼。陶渊明环视了一下周围，只见几位士人聚在一起，脱光衣服，披头散发，拿着酒杯，一面滥食狂饮，一面高谈阔论。有的还和歌伎侍婢插科打诨，荒诞下流。自幼受到儒家正统教育的陶渊明，看到这种场景，目瞪口呆。

"清谈怎么会是这样的呢?"眼前的一幕，完全颠覆了陶渊明对清谈的认识。

他曾经听母亲孟氏说，当年外公到永兴拜访许询，两人彻夜长谈，相见恨晚。许询时为清谈名家，知识渊博，思维敏捷，逻辑清晰，谈吐文雅。如果像现在这般模样，外公怎能忍受？怎么可能宿居两晚？

孙秉似乎看出了陶渊明的心思，急忙解释道："如今清谈在一些人眼里是一种时尚，许多王孙公子打着清谈的幌子，学着刘伶的样子，放纵饮酒，任性放诞，聚在一起海阔天空，无非是找乐子罢了。其实，有的根本没有好好读过'三玄'之书，更谈不上玄理。"

孙秉的祖父孙盛是清谈名家,孙秉知道陶渊明眼里的清谈,肯定是一种温文尔雅,以探讨人生社会、哲学宇宙为主要内容,讲究修辞技巧的谈说论辩。可如今人心浮躁,这种清谈少之又少。就连名士领袖王恭都说:"名士不必须奇才,但使常得无事,痛饮酒,熟读《离骚》,便可称名士。"

"世风日下,世风日下啊!"陶渊明喃喃说道。

陶渊明在京城待了一个多月,他深深感受到官场的腐败和仕途的险恶,也感受到京城的达官贵人对自己这个乡巴佬根本不屑一顾。再这样待下去,无非是虚度时光。他记得叔父陶夔说过,如今真正的高人逸士基本都在会稽郡,要想学到真本领,会稽不可不去。于是,他决定离开建康去会稽。

三

早春三月,乍暖还寒,柳枝发芽,桃花含苞,金黄的油菜花在晨露的洗涤和阳光的照耀下,变得油光发亮。路边稚嫩的小草已悄悄钻出地面,连成绿油油的一片。陶渊明踩在这松软的路上,近一个月来抑郁的心情顿时一扫而光,他感到从未有过的轻松愉快。

过京口(镇江)、曲阿(丹阳),不日,陶渊明来到了吴郡(苏州)。吴郡是江南名城,富庶之地,商贾云集,名士如鲫。陶渊明按照叔父陶夔的嘱咐,先后拜访了一些名士。最使他难以忘怀的还是传奇女子西施,记得小时候外婆给他讲立志故事,其中说到西施为了越国,忍辱负重,以身许国,最后助勾践成功复国。这次一到吴郡，陶渊明便打听有关西施的故事，当听说当年吴王为了宠幸西施所建的馆娃宫遗址还在，他特意跑到灵岩山上寻找遗迹。时过八百年，馆娃宫的亭台楼阁虽已倒塌，但吴王井、梳妆台、玩花池、玩月池、长寿亭等仍在，他感叹吴王夫差的多情，也敬仰西施的爱国情操。是啊！人这一辈子如果不为社会、国家做点贡献，实在没有多大意义。

离开吴郡，陶渊明很快来到永兴。永兴这个名字对他来说太熟悉了，他从小就听母亲给他讲外公在永兴浦阳江边偶遇许询的故事。他也曾经和程氏妹发誓，这辈子一定要去永兴，寻找外公住过的地方，寻找"桃源洞"。如今已踏上这片土地，怎么可以不去寻迹？

这时，许询已去世二十多年。他的三个儿子遵照父亲嘱咐，已迁居旁邑。长子元之迁居诸暨，次子仲之迁居东阳，三子季之迁居台州，只有小儿子珪之原先因侍父一直居住在永兴。[①] 陶渊明很快找到了许珪之。珪之得知是父亲挚友孟嘉的外孙来访，很高兴地陪他去探访父亲在浦阳江边的客居地和"桃源洞"。为了让陶渊明感受到当年他外公走过的水路，珪之特意租了条船。他们沿着浦阳江古道南去，不到半个时辰，就来到了临浦。

---

① 许询到底有几个儿子？目前有四子(元之、仲之、季之、珪之)说和五子(元之、仲之、季之、舞之、执之)说两种。萧山、诸暨、东阳、台州等地《许氏宗谱》均记载许询生四子，本书采用四子说。

"喏，前面有个西施庙，非常有名。"珪之一路向渊明讲解着当地的风土人情。

"为何叫西施庙?"

"因为西施出生在这里的苎萝山下的苎萝村，当地人为了纪念她，在此建庙。"

"噢，我前几日刚到过吴郡的馆娃宫，现在又遇到西施庙，真是有缘啊!快靠岸，我们去看看。"

这次路遇西施庙，给陶渊明留下了深刻的印象。

离开西施庙后，他们乘船沿着浦阳江南行，两岸油菜花一片金黄，风景煞是好看。不一会儿，船进凰桐江，驶入新河口，沿着弯弯曲曲的河道前进。

"师傅，你是当地人吗?这样的水路，要是不熟悉肯定会迷路。"陶渊明望着两岸茂盛的芦苇，纵横交错的河道对船夫说道。

"我是钱塘武林人，这里也从来没有来过。要不是许先生指点，我也不知道往哪里划。"

"走水路我也是第一次，以前听父亲说过，进入新河口，遇河道就右转，到了紫湖，在高洪尖山的正前方，能看到两条河道，左边的叫桃花溪，右边的叫梨花河，我们沿右边走，到了大湖，山脚边就是我父亲曾经住过的地方了。"

"这地方景色真不错，但没有人指点，肯定会迷路。"船夫喃喃地说。

说话间，远处一抹红云飞来，陶渊明兴奋地说:"看，桃花溪到了。"随着船头把正，云雾缭绕的高洪尖山下，一个"Y"形河汉呈现在大家眼前。左边的桃花溪两岸，芳草鲜美，红云轻飞。右边河岸的梨花虽说已开始凋谢，但仍有花朵迎风绽放，远远望去一片雪白。

"真是人间仙境啊!"陶渊明望着眼前的美景，赞叹不已。

"这里风景是不错，我也只来过一次，而且是从陆路过来的。师傅，前面往右走，进大湖就到了。"许珪之一面和陶渊明交谈，一面指点着船夫方向。

这里的湖泊由河道串联，一个接一个，像个迷魂阵。大湖远远望去像个葫芦，口小底大。这时，珪之的小舅子罗成已在湖边埠头等候。陶渊明眼尖，一眼就认出了罗成："你小舅子也在这里?"

"是啊，我叫他来打前站，今晚我们就住在这里，体会一下当年前辈们相聚的场景。"

"那真是太好了。"

原来昨天罗成到姐夫家看望姐姐，赶巧碰上了陶渊明。因罗成出身书香门第，又与陶渊明年龄相仿，两人很有天谈，不到半天，已经熟络得像是多年老友。罗成家在尖山镇旁的谢家村，对这一带非常熟悉，所以，珪之叫他来打前站，为的是给陶渊明一个惊喜。

船一靠岸，罗成同陶渊明打过招呼，就急忙向姐夫汇报："吃住都准备好了，你们俩住当年长辈住过的地方，我和船夫住埠头王叔家。晚饭安排在你们住的院子里，桃源洞要明早去看了,现在太晚。"

罗成虽然只有十六七岁,但十分精明能干,只早到了半天,就把一行人的吃住行都安排得妥妥当当。

世上有些事说怪也怪,茗渎坞废弃的小庙,自从三十多年前,许询、孟嘉住过后,就香火不绝,越烧越旺,逢年过节更是人头攒动。如今院子打扫得干干净净,厢房窗明几净,并有僧人管理。陶渊明和许珪之进得院子,看到满桌鸡鸭鱼肉,不由得一脸惊讶。

"莫非这里的和尚也吃肉?"见陶渊明一脸迷惑,罗成急忙解释道:"这些菜都是我买的,请隔壁阿婆帮忙烧的。这里的僧人白天来管管,晚上都回家了。听说农忙季节还要关门'双抢'去呢!"

"罗成真能干,只比我们早到了半天,情况摸得清清楚楚,事情安排得妥妥当当。"陶渊明由衷地赞扬了罗成。

这一晚大家喝得十分尽兴,除船夫早早回房睡觉外,他们三人边吃边聊,天南地北,无所不谈。许珪之毕竟出身书香门第,他认为忠君勤王,建功立业还是要靠儒学教化,老庄之道只是隐世时的修身之术,年轻人切不可沉迷其中。所以,他想请陶渊明讲讲《孟子》的精髓。陶渊明从小听母亲孟氏给他讲解《孟子》,七篇文章,背得滚瓜烂熟,尽得要领。趁着酒兴,也不推辞,滔滔不绝地讲了起来。许珪之和罗成听得如痴如醉,直到东方发白,还不肯罢休。

毕竟探访"桃源洞"也是陶渊明这次来的目的之一,所以,他一早就催着许珪之去"桃源洞"。他们沿着高洪尖山往西走,只见前方群山环抱,古木参天,云雾缭绕。在关王岭脚下,绕过一个山头,就看见前方山峁露出了一个洞口。

"喏,前面就是'桃源洞'了。"许珪之指着山洞说。陶渊明一阵惊喜,三步并作两步跑过去。

出得山洞,只见满山桃花,一片平坦广阔的土地上,有良田美池,阡陌纵横。远处,一位老农正扛着犁耙,牵着水牛准备去耕田。陶渊明直奔老农而去。

"咦,你们怎么到这儿来了?"老农见到眼前的陌生人十分惊讶。

"我们是听祖辈说,这里有一方宝地,如天上仙境,特意来寻访的。"

"哦,这地方是不错,你看三面环山,有田有水,两个池塘直通浦阳江,一年四季都不干涸,保证田地旱涝保收。特别是这里的山泉,甘甜无比,住在这里真的好比神仙,快活自在。"

"老伯,您一直住在这里?"陶渊明见农夫打开了话匣,想听听这里的故事。

"不,我们五六户人家才搬来二十多年。听老辈人讲,以前这里住过逃难的人家,他们日出而作,日落而息,过着自由自在的生活。后来不知怎么被外界发现了,太守说他们逃避赋税劳役,硬是把他们赶出山洞,烧毁房屋,这里就成了荒芜之地。哟,你们远道而来,到我家喝口水吧。"农夫忽然想起眼前是客人，热情地邀请道。

"谢谢老伯！我们还要赶路，看一眼就走，耽误您干活了。"

"没关系，没关系，那你们随便转转，我干活去了。"

望着眼前宁静而优美的环境，陶渊明不由感叹地说："真是人间仙境！要是能在这样的环境中生活，真的是一种享受。"

由于陶渊明还要赶路，他们出得山洞，直奔茗渎坞。船夫已在埠头等待，于是他们一行人乘船从原路返回。在尖山镇，陶渊明告别了许珪之和罗成，再奔山阴。

四

尖山到山阴有两条路，一条是从进化翻坎坡岭到夏履莲村，再从马家池翻古城岭，在下湖塘坐船到山阴。这条路翻山越岭涉水，路是近了点，但十分辛苦，适合当地人走。另一条是官道，从尖山—店口—漓渚—兰亭，最后到会稽郡城山阴。三十六年前，陶渊明外公孟嘉到山阴吊丧，在渔浦上岸后，就是沿着这条官道到山阴的，陶渊明显然也是走这条官道。

时值三月，山阴道上草长莺飞，桃花绽放。特别是远处满山的映山红，一路相迎，行走在这样的路上，真有一种春风得意马蹄疾的感觉。不到半日，陶渊明已来到兰亭。永和九年(353)发生在这里的雅集，名气甚大，影响深远。特别是王羲之的《兰亭集序》，除书法出神入化，被称为"天下第一行书"外，其文意境清丽淡雅，情调欢快畅达，陶渊明甚是喜欢。魏晋时期，玄学清谈盛极一时，士族文人多以老庄之道，空谈哲理，置个人于世外，不屑事功。王羲之虽然也是一个颇具辩才的清谈人士，但在政治思想和人生观上，与一般清谈士人不同。在这篇序中他明确指出，"一死生""齐彭殇"是一种虚妄的人生。王羲之这种积极入世的人生观，和陶渊明的思想十分契合。陶渊明进得亭园，在当年曲水流觞的小溪边坐了下来，幻想着当年的场景：那盛满酒的觞，在溪水中缓缓而下，在谁面前打转停下，谁就即兴吟诗，抑或饮酒。他想，人生如有这样的雅集，也不失为一件幸事。

会稽是南迁士族的集居地。

晋元帝司马睿过江后，北方士族为躲避战乱，被迫抛弃祖业，举家南迁。他们到达建康后，首要任务是购置田舍，安顿家属。当时建康附近的吴郡、义兴等郡都是当地豪族顾氏、周氏的势力范围。南迁士族如果要在这里定居，势必会和他们发生冲突。所以，司马睿和王导委曲求全，采取绥靖政策。除了在江乘县和京口等地侨置少量南迁士族外，大部分南迁士族被迁徙到外地。其中绝大多数士族到会稽一带发展。据史料记载，东晋成康之后，王、谢、郗、蔡等南迁士族争相到会稽置办田产。王羲之也不例外。据《全晋文》卷二四、二六记载，王羲之在担任会稽内史前，已在上虞置办田地别业，并有意到山阴定居。无奈时任宰相的何充认为王羲之是琅邪王氏的代表，不宜离开京都，只好作罢。

东晋一朝，最顶尖的大族，依次是司马皇族、琅邪王氏、陈郡谢氏、颍川庾氏、谯国桓氏、高平郗氏、太原王氏。如今会稽集居王、谢等大族，且王羲之和谢安因兰亭雅集和淝水之战名扬四海。因此，一时间会稽成了名人雅士十分向往的地方。

王羲之（303—361），字逸少。琅邪（今山东临沂）人，是淮南太守王旷的次子，又是太尉郗鉴的女婿，凭借门荫入仕，先后任秘书郎、宁远将军、江州刺史。永和七年（351）任会稽内史，领右将军，人称"王右军"。琅邪王氏是东晋的开国功臣。"八王之乱"后，王旷审时度势，最先向琅邪王司马睿提出南迁建邺的计划。过江后，王导积极联络江左各地士族，发展经济，维护政局。王敦拥兵守疆拓土。可以这样说，司马睿登基和东晋王朝的建立，全仗王导、王敦兄弟俩的鼎力辅佐。而琅邪王氏也因此树立了绝对权威，故时人有"王与马，共天下"之说。永嘉元年（307），琅邪王氏随司马睿携家南渡建邺后，集中居住在城中秦淮河畔的乌衣巷一带。至永和七年（351）王羲之任会稽内史，部分琅邪王氏才开始移居山阴。

会稽山水"千岩竞秀，万壑争流，草木蒙笼其上，若云兴霞蔚"。王羲之一到会稽，就爱上了这里的秀美山川。东晋名士崇尚超然物外、任性放达的人生态度，他们常常在山水间放飞自我，寻找创作灵感。王羲之也不例外，他常常与谢安、支遁、许询等游迹于山水，饮酒作诗，清谈义理，精研书法。永和九年(353)三月初三的兰亭集会，就充分体现了他纵情山水的性情。王羲之虽然闲时喜欢三五好友游迹于山水，特别是他后来辞官隐居剡县时，和支遁、许询等人游遍剡地山水，最远曾到过临海郡和永嘉郡，但他政治抱负远大，勤于郡国要务，心系黎民百姓。自从政后，他便听从岳父郗鉴的教诲，以振兴东晋王朝为己任，无论是咸康年间王导与庾亮之争，还是永和年间殷浩与桓温之争，他都始终坚持中立求和的处世立场，主张消除矛盾，团结共处。他反对北伐，曾给殷浩和司马昱写信，认为东晋现在国力弱小，北伐必须"审量彼我，万全而后动"。可惜当时他的这些意见，根本无人听取，一腔抱负也无法实现。直到担任会稽内史，他的政治才能才得以展现。据史料记载，王羲之在会稽内史任上，有一年发生灾荒，百姓无以果腹，只能以树皮、草根充饥，有的濒临死亡。面对这一严重灾难，王羲之不顾罢官杀头的风险，打开官府粮仓赈济灾民，使百姓渡过了难关。为了节约粮食，防止百姓饿死，王羲之曾下令会稽郡一年内不得酿酒售酒。针对官府人员冗杂、公文繁多、监守自盗等各种弊病，王羲之整顿纲纪，精减人员和公文，惩治贪官污吏，使会稽风气焕然一新。针对水路堵塞，漕运久停的情况，王羲之向朝廷建议复开漕运，并提出了开通漕运的考核办法。他还多次请求朝廷减轻赋税，以养百姓……王羲之在会稽内史任上，勤政爱民,厉行改革,政绩斐然,得到了百姓的衷心拥护和爱戴。无奈他的书法名气实在太大,以至掩盖了他的治理功绩。

谢安(320—385),字安石,陈郡阳夏(今河南太康)人。祖父谢衡,官至西晋散骑常侍。大伯谢鲲,曾任豫章太守。父亲谢裒,官至太常。

晋怀帝永嘉五年(311),汉主刘聪率大军攻陷西晋都城洛阳,大肆抢掠杀戮,俘虏晋怀帝等王公大臣,大批士族纷纷逃难。当时在西晋朝廷担任散骑常侍的谢衡,为躲避杀身之祸,带领谢氏一家逃到会稽。"永嘉不靖,来寓于始宁。"(唐谢肇《谢氏宗支避地会稽序》)这次逃难谢衡没有将家安在先期南渡的宗亲族人集居地山阴,而是选择在始宁东山(今绍兴市上虞区上浦镇)。所以,谢安出生在始宁,生长于始宁。谢安从小以清谈知名,屡辞辟命,隐居会稽东山,以与王羲之、支遁、许询等名士游赏山水风景、吟诗作文自乐。他常常教育谢家子弟进德修业,以待日后建功立业。359年,谢万北伐前燕失败,被朝廷免为庶人,谢氏家族失去了在朝廷中的唯一势力。眼见家道中落、晋室危急,谢安才结束在东山的隐居生活,出仕为官。谢安历任征西大将军桓温的司马、吴兴太守、侍中、吏部尚书、中护军等职。简文帝司马昱逝世后,谢安和王坦之一起竭尽全力辅佐护卫孝武帝司马曜,挫败了桓温篡位意图。桓温死后,谢安又与王彪之共同辅政孝武帝。在淝水之战中,谢安作为总指挥,以八万精兵打败了号称百万的前秦军队，使晋室得以续存，谢安也进拜太保。谢安性情闲雅温和，处事公正明断，不居功自傲，能顾全大局，治国以儒道互补，深得人心。

除王羲之、谢安外，这一时期会稽名士云集，主要有：刘恢、王恬、王述、王徽之、王献之、王凝之、王玄之、王蕴之、王丰之、王肃之、王彬之、王涣之、王蒙、王洽、王敬仁、王文度、谢万、谢瑰、谢腾、谢绎、谢万石、郗昙、庾友、庾蕴、支遁、许询、孙绰、孙统、孙嗣、李充、徐丰之、曹礼、曹华、魏滂、桓伟、羊模、虞说、虞谷、袁峤、丘髦、华茂、华耆、卞迪等等。他们常常三五成群，结伴而行，出则游弋山水，入则诵诗属文，萧然自适，活动频繁。比较知名的除兰亭集会外，还有新昌沃州山禅院十八名士与十八高僧相会林下的故事。

会稽又是名人逸士的隐居地。

谢安居东山，许询居西山，支遁居剡东㟃山。这是当时会稽名士隐居的大致格局，其实，当时隐居会稽的名士远远不止这些。

东晋隐居会稽的名士大致可以分为三类：终身不仕，先仕后隐，先隐后仕。

终身不仕的代表人物有许询、戴逵。

许询（314—361）是会稽内史许归的次子，从小才华横溢。在"上品无寒门，下品无世族"的时代，要做官轻而易举，但他清心寡欲，不慕世利，不想参与政治。朝廷一再请他出来做官，他都婉言谢绝。后来，为了避免得罪王室，摆脱做官,许询从山阴迁居永兴。可到了永兴,朝廷还是征召不断,许询没有办法,于是决定隐居。"遂舍永兴、山阴二宅为寺,家财珍异悉皆是给。既成,启奏。"孝宗皇帝见许询为了隐居,连住宅家产都不要了,可见,去意已决。从此,就再也不来征召他。许询乃策杖披裘,隐于西山。凭树构堂,萧然自致。

戴逵(326—396),字安道,谯郡铚县(今安徽濉溪)人。父亲戴绥是金城太守。戴逵早年师从名儒范宣,博学多才,善于鼓琴,工于人物和山水画。孝武帝司马曜即位,累次征辟,全部不就。为表终身不仕,举家搬到会稽剡县,过起超凡脱俗的隐居生活。他在剡县,以读书、作画、雕刻为乐,不问政事。常与当时的名人郗超、刘炎、谢安、王徽之等游赏山水,纵论古今书画,探讨雕刻艺术,被世人称之为旷达的隐士。

先仕后隐的代表人物有王羲之。

王羲之任会稽内史是接任丧母居忧的王述之职,他与王述素来不和。354年,朝廷任命王述为扬州刺史,加征虏将军,做了王羲之的顶头上司。加之王述到会稽视察,查出王羲之为政失察之处,王羲之深以为耻,便称病弃官。于355年携家人迁居剡县金庭。定居金庭后,王羲之建书楼、植桑果、教子弟、赋诗文、作书画。"羲之既去官,与东土人士尽山水之游,弋钓为娱。又与道士许迈共修服食,采药石不远千里,遍游东中诸郡,穷诸名山,泛沧海……"

先隐后仕的代表人物是谢安。

谢安"寓居会稽,与王羲之及高阳许询、桑门支遁游处,出则渔弋山水,入则言咏属文,无处世意"。有一次,谢安坐在临安山的石洞里,面对深谷悠然叹道:"此般情致与伯夷有何区别?"完全陶醉在悠闲的隐居生活中。谢安年轻时,虽然为王导、庚冰所迫,断断续续当过两个月官,但他很快以身体不适的理由,辞职回家。360年促使谢安出仕,完全是因为谢万北伐失败,被贬为庶人,谢氏权势受到了严重威胁。另外,晋室危在旦夕,才迫不得已而出山。

会稽的隐士并非像喜爱黄老之术的隐士那样,隐居深山,炼丹增寿,不问世事。他们大多数还关心着世事变化,像王羲之辞官隐居剡县后,曾写信给尚书仆射谢尚,要求减免百姓差役。358年,又写信给桓温,极力推荐谢万供职于朝廷。谢安虽"无处世意",但一旦需要,就立马上任,重振晋室。许询也一样,虽无意仕途,但做过"都讲",为学生讲解过《黄帝内经》,授之健身强体知识。宣讲过道德之学,教化民众。

陶渊明游学会稽时,正值淝水之战结束,"五尺童子,振袂临江,思所以挂旆天山,封泥函谷[1]。"整个东晋激发起统一北方的豪情,会稽人士保家卫国的热情更高。尤其是王、谢

---

① 房玄龄等:《晋书》,中华书局1974年版,第242页。

二家的子孙,晨练刀枪拳术,夜读经书诗文,以待有朝一日再建功业。这与京城的那帮纨绔子弟,形成了鲜明的对照。陶渊明很快融入这种氛围,并结识了不少朋友。如谢琰的儿子谢混,谢万的孙子谢思,谢奕的孙子谢瑍,谢瑶的儿子谢澹、谢璞,等等。魏晋时,正统的教育是儒教。它以仁、义、礼、智、信、恕、忠、孝、悌为核心,注重君子品德修养,强调仁与礼相辅相成,提倡教化和仁政,抨击暴政,力图重建礼乐秩序,富于入世理想。会稽是重教之地,年轻人接受正统的儒家教育,养成了一种积极进取的价值观,很少有人玄虚空谈,这和陶渊明的秉性及他所受的教育完全一致。随着交流的深入,大家慢慢了解到眼前这位大司马、长沙公陶侃的曾孙,还是孟子二十一世孙孟嘉的外孙,于是,纷纷请他讲解《孟子》。对于《孟子》陶渊明尽得要领,他想起当年庾亮"崇修学校,高选儒官"时,外公孟嘉被选为劝学从事的往事,如今自己也有传教儒学的机会,何乐而不为? 所以,豪爽地答应了朋友们的请求。

陶渊明除交流儒学外,还拜访了大量名人隐士。在剡县拜访戴逵时,听说当年许询得知王羲之隐居剡县金庭后,特意从永兴赶过去与之为邻。他认为前辈们的这种情谊,感人至深,不是一般人可为的。为此,他专门到金庭乡王羲之故居和孝嘉乡许询墓地祭拜。

会稽名人隐士的大量轶事,给陶渊明带来了从未有过的激情。当然,也使他内心产生了一些矛盾:儒家的经典教导他积极进取，而道家的哲学又教导他有所不为。对老庄之道以前他是鄙视的，但这次会稽之行，他从隐士身上看到了有所为，有所不为的魅力。他已经开始慢慢接受道家的哲学，对人生道路有了新的思考。

公元385年10月12日（农历八月廿二日），谢安在建康病逝。一时举国哀悼，孝武帝闻讯后，在朝堂哭吊了三天，追赠谢安为太傅，谥号"文靖"。

陶渊明触景生情，他想起自己离开家乡已近两年，多病的母亲身体还好吗？妹妹嫁到程家后生活不知如何？敬远也该长高了……想着想着，他决定立刻结束这次游学求仕生活。

会稽的游学生活使陶渊明认识了许多名士及世族后代，结交了许多朋友。所以，一旦决定离开，还真有点依依不舍。他选择在一个深秋的早晨，告别好友，沿着山阴古道大步前进。山阴古道层林尽染，望着美得令人窒息的风景，他想起了王子敬"从山阴道上行，山川自相映发，使人应接不暇。若秋冬之际，尤难为怀"的话，确实言不为过。会稽之行给陶渊明留下了太多美好的回忆，他站在浦阳江边，望着远处云雾缭绕的高洪尖山，深为桃源洞内逍遥自在的生活所吸引。站在富春江上的船头，望着两岸灵动的风景，深为江南的山水所陶醉。

第四章 从军平叛

自古叹行役，我今始知之。

——《庚子岁五月中从都还阻风于规林二首·其二》

一

陶渊明游学回家后,有十余年没有离开过家乡,这期间他经历了结婚生子、丧妻续弦。"弱冠逢世阻,始室丧其偏。"(陶渊明《怨诗楚调示庞主簿邓治中》)为生计所迫,在柴桑县城当过短暂的教书先生。在叔父陶夔的帮助下,当过江州府祭酒。"亲老家贫,起为州祭酒。"①

祭酒既是一种仪式,也是一位举酒洒地的主持。古代祭神时,一般由一位有威望的人担任主持,后来把祭酒列入官职名称。到了汉代,以博士长为祭酒,以后便以国学之长为祭酒。晋代的国子祭酒,是国家管理教育的最高长官。各州、郡的祭酒,负责管理所在州、郡的学校。陶渊明儒学深厚,少有乡里令名,又有从教经历。其外公孟嘉曾因学问高深,德高望重,被庾亮任用为劝学从事。如此家学渊源,再加

---

① 沈约:《宋书》,中华书局 1974 年版,第 2287 页。

上当时一篇《闲情赋》在寻阳流传得家喻户晓，所以，一经陶夔推荐，江州刺史王凝之立刻聘任陶渊明为别驾祭酒。

王凝之是东晋书圣王羲之的次子，谢安的侄女婿，大才女谢道韫的丈夫。王羲之六个儿子都很有出息，唯独王凝之不仅其貌不扬，没有什么才学，而且为官不作为，当家不顾家，整天沉迷于修炼五斗米道。用其妻子谢道韫的话说："想不到天底下，竟然还有像王凝之这样平庸的人啊！"①

其实，王凝之的道教信仰是有深厚家庭渊源的。《道经》中记载了王羲之始祖王子晋向往神仙之灵虚，迈行放达于天台北门金庭桐柏山。《潜夫论》卷九记载："田氏王氏，其后子孙，世喜养性、神仙之术。"可见从王羲之的祖上，到王羲之的子孙，都是虔诚的道教信仰者。但即便这样，也没有一个像王凝之这般痴迷狂热。"王氏世事张氏五斗米道，凝之弥笃。"王凝之不仅在家中修炼，还在江州府中设置道室，不分昼夜炼丹念咒，把州府搞得乌烟瘴气。他自己则走火入魔，糊涂至极。据《晋书》记载，隆安三年（399），同为"五斗米道"的孙恩造反，兵临会稽城下，身为会稽内史的王凝之，不出兵布防，整天在道室祈祷。僚佐请他早做准备，他却说，我已经请求大仙，他答应派神兵来帮助我，不用担心反贼。结果孙恩率兵攻入城中，王凝之及其子女全部被杀。

---

① 刘义庆《世说新语·贤媛第十九》第二十六条："王凝之谢夫人既往王氏，大薄凝之……不意天壤之中，乃有王郎！"

　　陶渊明在会稽游学时,时常与王谢子弟在一起,对王凝之也有所闻。只知道他在外地做官,书法工于草隶,得其父亲真韵。至于热衷于"五斗米道",在刺史任上玩忽职守等还是刚刚听说。陶渊明想,这样一个不思励精图治的人,自己去了也很难与他合作。但想到自己已近而立之年,如果再不出去做一番事业,终老田亩,也不甘心。更何况自幼饱读经书,又身为长沙公陶侃的后代,现在不去报国济世,更待何时?所以,欣然走马上任。

　　但事与愿违,陶渊明一上任,就发现学校里的乱象:京城学校收的都是公卿子弟,各州郡收的都是官员亲属。他们把进学校当作加官进爵的镀金场所,根本不想学什么知识。国学不修礼乐①,学生举止行为十分放肆。另外,这批官宦子弟,对陶渊明这个并非来自士族家庭的人,根本不屑一顾。而在州府,收礼受贿已成正常,突然冒出这么一个出淤泥而不染的祭酒,大家都看他不顺眼,当面嘲笑,背后使绊。再加上不干正事的州刺史王凝之,陶渊明的志向受到严重打击,也深感蒙受了巨大的耻辱。他想,自己就算再有抱负能耐,也改变不了眼前的这一切,既然改变不了,又不想同流合污,那就干脆辞去江州祭酒之职。

　　陶渊明辞职后,又回到了园田居,过起了田园生活。不

---

　　① 东晋初,戴邈针对国学中的弊端,曾上疏请修礼乐。司马光《资治通鉴·晋纪十二》:"贵游之子,未必有斩将搴旗之才,从军征戍之役,不及盛年使之讲肄道义,良可惜也。"

久,州里征召他为主簿。主簿在魏晋时为将帅、重臣的幕僚长,在州里各种官职中居重要地位,王凝之认为这个官职陶渊明一定会接受。无奈,陶渊明对江州府的现状甚为不满,去意已决,根本不为所动。

二

公元 397 年中秋,陶夔从晋安郡太守任上赴京任职。在路经寻阳时,专程探望了嫂子孟氏和侄子陶渊明一家。自 394 年上任晋安郡太守后,陶夔以祖父陶侃为榜样,本着"为官一任,造福一方"的初心,勤政爱民,廉洁奉公,经过几年的努力,政绩突出,深受百姓的爱戴。但由于一心扑在工作上,再加上路途遥远,这几年他对嫂子一家照顾不周。这次大家一见面,高兴得不得了。

"恭喜叔叔!这下我们京城也有人了。"孟氏见陶夔赴京任职,顿觉脸面增光。

"祝贺叔父!这几年你在晋安郡做了那么多事,真不容易。特别是《闽中记》的修成,真是功德无量!"

"其实,也没做多少事。不过百姓善良啊!你只要做一点点事,他们都会铭记于心。"陶夔见嫂子和侄子不停地夸奖,不好意思地笑笑。

"噢,对了,我上次来不及细问,你在州里做祭酒好好的,为什么要辞职?"陶夔突然问起了陶渊明。

"哎,说来话长。那个刺史王凝之整天不务正业,装神弄鬼。衙门的官吏谄上欺下，胡作非为。学校的学生不学知识，不求上进，只懂钻营。这样的环境怎能有作为？我可不想与他们同流合污，还是回归田园来得逍遥自在。"

"王刺史的做派，我也听说不少，真是愧对皇权，贻误百姓。不过你现在上有老下有小，靠种田糊口，也不是长久之计。有否想过其他的打算？"

"原来到州里入职，我是考虑到离家近，母亲身体不好，便于照顾。可哪知这个衙门腐化堕落到如此地步，现在叫我再到这种衙门做事，真的不想去。要说打算，不如从军爽快。一来可扬我陶家威名，二来好男儿应该杀敌疆场。"

"好！好！好！有血性，有志气。"陶夔想不到渊明还有杀敌疆场、建功立业的志向。

"你从小舞刀弄枪，去疆场建功立业，也不失为一种选择。要么，叫你叔父牵个线？"孟氏听渊明有从军想法，也在一旁鼓励道。

"去从军，那肯定要奔着大英雄去，强将手下无弱兵嘛！"

"那你倒说说，想去哪位将军的帐下？"陶夔这时也想听听渊明的真实想法。

"当今时代，人们都想成为谢家军的将士，杀敌立功。我倒希望去刘牢之将军的麾下，你们看他在淝水之战中多威武，杀敌无数，是真正的大英雄。"

陶渊明讲的刘牢之，是东晋名将雁门太守刘羲之孙，征虏将军刘建之子。生长于尚武世家的刘牢之，面色紫赤，须目异于常人,性格深沉刚毅,为人足智多谋。"太元初,谢玄北镇广陵,时苻坚方盛,玄多募劲勇,牢之与东海何谦之、琅邪诸葛侃、乐安高衡、东平刘轨、西河田洛及晋陵孙无终等以骁猛应选。玄与牢之为参军,领精锐为前锋,百战百胜,号称'北府兵',敌人畏之。"①淝水之战时,刘牢之率五千精兵,在洛涧大破梁成,一时声名鹊起,此后又平定了多处叛乱,现随王恭镇守京口。

"噢,刘牢之。我到晋安上任前,和牢之一起在王恭手下做事,有些交情。待我这次赴任后,找机会和他说说。"②

"那烦请叔父费心。"陶渊明见陶夔答应帮忙推荐,非常高兴。

隆安二年(398),王恭不听司马刘牢之再三劝谏,执意讨伐会稽王司马道子父子。司马元显派庐江太守高素游说刘牢之倒戈,刘牢之想,王恭身为晋朝的伯舅,会稽王司马道子是天子的叔父,又当权辅政。他俩理应兢兢业业扶持天子,王恭怎么可以多次起兵讨伐朝廷呢?于是,他答应了司马元显的请求,归顺朝廷。在进攻建康的途中叛变,回军攻打王恭,并将他捕杀。王恭被杀后,朝廷任命刘牢之都督兖青冀

---

　　①　房玄龄等:《晋书》,中华书局1974年版,第2188页。

　　②　陶澍《靖节先生年谱考异》:"《太平御览》引《俗说》曰:'陶夔为王孝伯参军。'"

幽并徐扬州晋陵诸军事,以代替王恭。① 刘牢之本是低级将领,一下子占据了重要位置,许多将领无法心悦诚服,刘牢之便重用心腹徐谦之并趁机招兵买马,加强自己的势力。陶渊明正是在这种情况下,进入北府兵军营,并担任刘牢之的参军。②

琅邪人孙泰向钱塘人杜子恭学习道术,并授其衣钵。一般士人和老百姓都信奉他,司马道子、司马元显父子,为求长生不老,也亲自前往求术,并授予孙泰徐州主簿,历辅国将军、新安太守。隆安二年(398),孙泰见王恭起兵对抗朝廷,预感晋朝国祚将倾,于是起兵造反。事情败露后,孙泰及六个儿子全部被司马道子所杀。他的侄子孙恩聚集亡命之徒,逃往海岛,计划复仇。

隆安三年(399)十月,孙恩从舟山起兵,擎旗易帜,号召远近。很快占领了会稽郡,会稽内史王凝之及几个儿子全部被杀。吴国内史桓谦、临海太守王崇、义兴太守魏隐闻讯弃城逃走。不到半个月,孙恩就占领了三吴八郡(会稽、吴郡、吴兴、义兴、临海、永嘉、东阳、新安),部众达二十余万人。孙

---

① 司马光:《资治通鉴》,中华书局 2007 年版,第 1320 页。
② 梁启超《陶渊明之文艺及其品格》:"渊明少年,母老家贫,想靠做官得点俸禄。当桓玄未篡位以前,曾做过刘牢之的参军,约摸三年,和刘裕是同僚。"梁启超《陶渊明年谱》:"本年(399)十一月,海贼孙恩陷会稽,刘牢之率众东讨。时刘裕为牢之参军,立功最多。先生(指陶渊明)之驰驱海隅,冲冒风波,盖在牢之军中也。"

恩据守会稽，自称征东将军，并奏表会稽王道子及世子元显的罪状，请求朝廷把他们杀掉。

自晋安帝司马德宗登基以来，朝廷内外众叛亲离，内耗加剧。建康以南的荆州、江州被桓玄所占有，建康以西为豫州刺史庾楷所专属，京口和江北为刘牢之和广陵相高雅之所牵制，朝廷政令真正能通的地方，只有三吴而已。现在孙恩作乱，三吴八郡都为孙恩占有，京城人心恐慌。朝廷在加强戒备的同时，急忙命令徐州刺史谢琰兼督吴兴、义兴军事，以讨伐孙恩。兖青冀幽并徐扬七州都督刘牢之，自请击贼，拜表即行。陶渊明作为晋室功臣陶侃的后代，从小接受儒家教育，君臣有序，维护朝廷利益是一种本能。再加上这个"五斗米道"纯粹是一个迷信组织，靠迷惑人心，聚众作乱起家。当年曾祖父陶侃就先后讨伐过张昌、陈敏、杜弢、苏峻等多起叛乱。现保国安民的机会来临，哪有逃而避之的道理。因此，也随刘牢之一起平叛。

谢琰大军在义兴击杀反贼许允之，击败邱尫，和刘牢之大军分头征剿，攻无不克，很快平定了钱塘江以北地区。谢琰见反贼都已退回江南，留下自己屯守乌程（今湖州），派遣司马高素协助刘牢之渡江击贼。这时朝廷任命刘牢之为前将军、都督吴郡诸军事的诏书也已送到，刘牢之名正言顺地成为朝廷的讨伐将领。

刘牢之率领的北府兵训练有素，战斗力极强。隆安三年（399）十二月廿六日，刘牢之和高素率刘敬宣、中军参军刘裕、记室参军陶渊明,以及北府兵渡过钱塘江,进驻湘湖。①
湘湖地理位置十分险要,两边高山,中间狭长地带湖泊相连,
直通钱塘江。春秋战国时,越王勾践曾在此屯兵操练。刘牢
之驻扎湘湖后,一面派遣参军刘裕率小部队到前方侦察。一
面和高素、刘敬宣、陶渊明等察看附近的山川地形。近一个
时辰,还不见刘裕归来,大家十分着急。

"将军,前方都是河流滩涂,地形十分复杂,我怕刘参军
冒进吃亏。"陶渊明因十多年前来过会稽,对这一带地形地貌
比较熟悉,提醒着刘牢之。

"要不我去看看?"刘敬宣内心也有一种不祥的预感,对
父亲刘牢之说道。

"那你快去,多带一些人马。"

刘敬宣带着骑兵,还没跑出五里地,就远远看见刘裕被
几百叛军围在堤坝下厮杀,刘裕挥舞一把长柄大刀,在夕阳
下拼命抵抗,场面十分悲壮。叛军见援军到来,纷纷逃跑。
原来刘裕带着几十个人的侦察分队还没有走出多远,就碰到
了上千人的叛军。刘裕立即上前迎敌,跟他同来的士兵全部
战死,刘裕也被逼下堤坝。此时正危在旦夕,若不是刘敬宣
及时赶到,那后果真不堪设想。刘敬宣这次在危难时刻救下
刘裕,使刘裕终生难忘。

---

① 绍兴市地方志编纂委员会《绍兴市志·大事年表》:"是年(399
年),陶渊明从刘牢之来会稽讨孙恩。"陶澍《靖节先生年谱考异》中也明
确,己亥(399)牢之为前将军,东讨孙恩于会稽,渊明从之。

孙恩自恃人多势众，又熟悉当地地形，完全不把朝廷军队放在眼里，常常前来骚扰。刘牢之整顿好队伍后，命高素打头阵，刘敬宣率兵随后跟进，向会稽城进军。孙恩见北府兵勇猛无比，几次大战后，就无心再战，又一次逃入海岛。刘牢之命高素、刘敬宣、刘裕乘胜追击，扫清陆地残敌。经过三个多月的平叛，三吴八郡又恢复了往日的平静。朝廷担心孙恩卷土重来，任命谢琰为会稽太守，都督五郡军事。命刘牢之率部回京口防守。① 刘牢之是北方人，初到会稽时只顾平叛，无暇顾及身边的风光。这几天，在陶渊明陪同下，刘牢之与谢琰交接防务，顺便欣赏了所到之处的风景，深为江南秀丽的风光所折服。别看刘牢之五大三粗，行伍出身，文化水平不高，但他对王羲之的《兰亭集序》、山阴古道等都有了解。陶渊明见刘牢之有兴趣时，就提议部队从山阴古道回京口，刘牢之欣然同意。

阳春三月，正值鸟语花香时节，走在山阴道上，仿佛人在画中，惬意无比。陶渊明一路向刘牢之介绍着当地的风土人情，一路欣赏美景。当走到永兴县浦阳江边的尖山镇时，陶渊明向刘牢之讲起了外公孟嘉和许询在此相遇的故事，以及远处许询客居地和桃源洞的传说。刘牢之望着眼前纵横交错的河流、远处隐隐约约的桃花，以及云雾缭绕的高洪尖山，不禁感叹道："真是人间仙境啊！"

---

① 许嵩《建康实录·高祖武皇帝》："（隆安）四年春，牢之还镇丹徒，以谢琰镇山阴。"

　　陶渊明自从军后,一直没有回过寻阳,他日夜思念多病的母亲和妻儿。这次班师京口后,他趁奉刘牢之之命出使京都的便利,请假回寻阳探望家人。他的《庚子岁五月中从都还阻风于规林二首》,就是写途中受阻时的情景,以及思念家人的心情。

其一

行行循归路,计日望旧居。

一欣侍温颜,再喜见友于。

鼓棹路崎曲,指景限西隅。

江山岂不险,归子念前涂。

凯风负我心,戢枻守穷湖。

高莽眇无界,夏木独森疏。

谁言客舟远?近瞻百里余。

延目识南岭,空叹将焉如!

其二

自古叹行役,我今始知之。

山川一何旷,巽坎难与期。

崩浪聒天响,长风无息时。

久游恋所生,如何淹在兹!

静念园林好,人间良可辞。

当年讵有几?纵心复何疑。

　　隆安四年（400）五月，孙恩再度率部朝会稽杀来。镇守会稽的谢琰傲慢轻敌，未做任何准备，仓促迎敌，结果帐下都督张猛临阵反叛，谢琰兵败被杀。孙恩大军乘势追杀，没几天，会稽、临海、永嘉、东阳、新安等五郡，又一次沦陷。朝廷大惊，先后派冠军将军桓不才、辅国将军孙无终、宁朔将军高雅之平叛，结果都被孙恩打败。到十一月，在浙官军几乎全军覆没。在这危急关头，朝廷急忙下诏任命刘牢之为镇北将军，都督会稽等五郡，率领所部攻打孙恩。

　　刘牢之渡过钱塘江后，开始仍驻军湘湖。孙恩因有打败谢琰和几位朝廷将军的功绩，士气正旺，根本不把北府兵放在眼里。在齐贤羊山（今绍兴市柯桥区齐贤街道）一带垒石布阵，准备和刘牢之大战一场。无奈，北府将士勇猛无比，不到半个时辰，孙恩渐渐难以支撑，又逃回了海岛。刘牢之分兵防守各县，自己屯守上虞，令刘裕驻守最前线的句章。

　　刘裕在每次战斗中，都身先士卒，英勇杀敌。当时参与东征的各路将领都放纵部下，官兵所到之处烧杀抢掠，百姓深受其苦。只有刘裕的部队纪律严明，深受百姓爱戴。

　　隆安五年（401）二至三月，孙恩率兵多次袭击句章、海盐等地，都被刘裕击败。孙恩见北府兵主力都调到浙江，京口、广陵空虚，企图乘虚突破长江口，直插建康。知道孙恩北上消息后，刘牢之命刘裕为先锋，率军追击。自己带领大队人马日夜不停地赶回京口。

　　陶渊明这次随刘牢之到会稽平叛，马不停蹄，真正体会到军旅生涯的艰辛和凶险。他知道孙恩已率军北上直逼建康,接下来大仗恶仗在所难免。自己虽然只是个记室参军,不用像刘裕一样直接上阵搏杀,但如果军队有个闪失,不要说拜将封侯了,一家老少谁来照顾?想到这里,他的心一阵紧似一阵,思考再三,便向刘牢之提交了辞呈,打算投奔到家乡江州刺史桓玄的府上。

桓玄是桓温的小儿子,桓温去世时,他只有五岁,长大后承袭父亲爵位。桓温死后,朝野议论其晚年有篡逆之心。因此,桓玄兄弟一度受到打压,桓玄只当过一些小官,很不得志。后来凭借父亲的威望,又利用当时皇族和各世族之间的矛盾,逐渐扩大自己的势力。隆安二年(398),竟然成为各世族的联盟盟主。隆安三年(399),桓玄趁朝廷受孙恩叛乱威胁,无暇顾及之时,袭杀殷仲堪和杨佺期,夺取了荆雍二州的地盘,并于次年三月向朝廷求领江荆二州刺史。朝廷当时碍于孙恩叛乱,不想激化其他矛盾,就答应了桓玄的请求,下诏桓玄都督荆江司雍秦梁益宁八州诸军事,领江荆二州刺史,这时桓玄风头正盛。

陶渊明投奔桓玄主要考虑:桓家与陶家颇有渊源,陶渊明的外公孟嘉做过桓温长史,两人关系融洽。陶侃当过荆州刺史,在荆州地区有一定影响力。而如今桓玄是荆州地区的豪族,投靠桓玄有可能走上政治舞台,实现自己的抱负;在家乡江州做官,便于照顾家人;桓玄本人博综艺术,善属文。在江州刺史任上,十分注重拉拢各方人才,与庐山的慧远大师有交往,与画家顾恺之等都交好,同这样的人打交道,不会太累。

而桓玄见陶渊明来投奔他,也十分高兴。他认为陶渊明任过刘牢之参军,对前线战事一清二楚。对刘牢之的将领也很了解,以后好为自己所用。另外,陶渊明是名门之后,陶侃和孟嘉名气很大,路人皆知。名人的后代都来投靠自己,说明对自己寄予厚望,更有利于凝聚人心,招兵买马。再则,陶渊明博古通今,在江州一带已小有名气,与这样的人共事,生活不会枯燥无味。所以,马上任命陶渊明为自己的参军。

陶渊明被桓玄任命为参军,自然十分高兴。只是他原本想在家门口江州做事,现在桓玄要他跟到江陵大本营履职。好在江陵和寻阳相距不是太远,陶渊明也顺从了。

陶渊明上任的第一件事,就是向桓玄请假看望母亲和妻儿。

闲居三十载,遂与尘事冥。

诗书敦宿好,林园无世情。

如何舍此去,遥遥至南荆。

叩枻新秋月,临流别友生。

凉风起将夕,夜景湛虚明。

昭昭天宇阔,皛皛川上平。

怀役不遑寐,中宵尚孤征。

商歌非吾事,依依在耦耕。

> 投冠旋旧墟，不为好爵萦。
>
> 养真衡茅下，庶以善自名。

这首《辛丑岁七月赴假还江陵夜行涂口》，就是陶渊明假满返江陵赴职途中所作。

现在桓玄已拥有晋朝三分之二的土地，势力逐渐强大。他一方面培植心腹，招兵买马，并伪造种种祥和的征兆来安抚人心，树立自己的威信。另一方面，借口孙恩之乱，屡次上表，要求出兵勤王，实际上是窥探朝廷虚实，借机扩大地盘，伺机篡位。陶渊明虽然初来乍到，慢慢地也看出了一些端倪。

隆安五年（401）冬，陶渊明母亲去世，他趁机离开了桓玄军幕，回家居丧。

三

陶渊明丁忧期间，东晋发生了两件大事：

第一件是刘牢之听从族舅何穆建议再次倒戈，导致司马元显被杀，自己也在被削夺兵权后自缢而亡。

元兴元年（402），朝廷打算讨伐拥兵叛乱的桓玄，下诏以尚书令元显为骠骑大将军、征讨大都督、都督十八州诸军事，以镇北将军刘牢之为前锋都督。桓玄知道后，派刘牢之的族舅何穆劝阻刘牢之举兵。当时，谯王司马尚之已被桓玄打败,士气低落,军心沮丧。于是,刘牢之接受了何穆的劝说,派使者与桓玄联络。刘牢之的外甥何无忌和部将刘裕极力劝阻,刘牢之一概不听。他的儿子、骠骑从事中郎刘敬宣也劝谏道:"桓玄凭借他父亲、叔父的威望,占据全楚,割有晋国三分之二的土地,如果现在放纵他,使他的力量超过朝廷,那日后恐怕就很难对付了。"刘牢之生气地说:"我哪里不知道这些道理?现在捉拿桓玄易如反掌。但是平定桓玄后,叫我如何对付骠骑大将军元显呢?"说罢,派刘敬宣向桓玄请求投降。桓玄在刘牢之的协助下,兵不血刃进入建康,杀司马元显,将司马道子流放安成郡,不久又将其杀害。桓玄任命刘牢之为征东将军、会稽太守,夺走了刘牢之的兵权。这时,刘牢之才意识到祸患降临,忙召集众将领商量讨伐桓玄。参军刘袭说:"最不能做的事情就是造反,将军早年反王恭,不久前反司马元显,现在又要背叛桓公,一个人一生当中三次背叛,怎么能够立足于天地之间?"①说罢,起身扬长而去。许多将佐也纷纷离开刘牢之,而刘敬宣到京口转移家人,逾期未还。刘牢之以为刘敬宣已被桓玄所杀,心灰意冷,自缢而亡。

　　第二件事是桓玄除掉执政的司马道子父子后,把持朝政大权,进而篡位夺权。元兴元年(402)三月,桓玄自署太尉、都督中外诸军事、扬州牧、领豫州刺史,总管百官。元兴二年(403)九月,桓玄进位相国,自封楚王。十一月,威逼晋安帝

---

① 　司马光:《资治通鉴》,中华书局 2007 年版,第 1346 页。

禅让,建立桓楚。十二月,即皇帝位,改元"永始"。贬晋安帝司马德宗为平固王,迁之寻阳。[①] 这就是东晋历史上桓温废海西公司马奕,立简文帝司马昱之后,又一次篡逆活动。

后世有人说,陶渊明早已看穿刘牢之和桓玄的反叛之心,故趁事情未发生时离开。这其实是好事者的一种揣测,他们的目的当然是维护陶渊明的名望。但人非神仙,孰能预知未来?陶渊明的几次辞职,其实都是由客观原因导致的,关于这一点,我们将在本书《陶渊明从军考证》一文中专门论述。

元兴元年(402),中华大地发生了大饥荒,姑臧(今甘肃省武威市凉州区)米价涨到一斗五千钱,人们没有粮食可吃,出现了人吃人的惨象,饿死的人有十多万。三吴本是富饶之地,由于孙恩连年暴乱,加上大饥荒,人口骤减了一半,会稽人口减少了十分之三四,临海、永嘉差不多快没有人了。[②] 作为中原地带的江州,也难逃一劫,饿死的人很多,陶渊明家虽有田庄,但连年歉收,又加苛捐杂税,一家人也食不果腹。因此,居丧期刚满,陶渊明就急着重返仕途,想多挣些银子来养家糊口。陶渊明重返仕途,除了饥饿所致,还有一个更重要的原因,就是人到四十,还未功成名就。孔子曰:"四十、五十

---

① 司马光:《资治通鉴》,中华书局 2007 年版,第 1352—1353 页。
② 司马光:《资治通鉴》,中华书局 2007 年版,第 1347 页。

而无闻焉,斯亦不足畏也已。"陶渊明对事业前途从来没有绝望过,他急于证明自己的才能。

元兴三年(404)正月,建武将军、下邳太守刘裕,为复兴晋室,举义兵讨伐篡位夺权、残酷专横的桓玄。刘裕的行动得到了朝野绝大多数人的支持和拥护,京城百姓也希望他尽快赶走桓玄,而获得安宁。

陶渊明知道刘裕举义兵的消息后,即刻赶赴京口,拜见曾经的同事刘裕。刘裕见陶渊明前来投奔,十分高兴,任命他为自己的参军。但是,当陶渊明进入幕府后,刘裕所做的一件事使他感到十分失望。原来刘裕还是平民时,曾经和刁逵赌博,输了不能立即给钱,刁逵把他绑在柱子上。这事被王谧看见,他责备刁逵后把刘裕放下,替刘裕还了钱。因此,刘裕深深痛恨刁逵而感激王谧。后来刁逵和王谧虽然都在桓玄手下做事,但报复心极强的刘裕,立即寻找借口,杀害了刁逵全家,又把众人认为应该诛杀的桓玄心腹王谧任命为侍中、领司徒、扬州刺史、录尚书事。陶渊明认为,刘裕这种做法太狭隘偏执,凭借几次出仕的经验,他很快看清了军中的许多黑暗现象。陶渊明本性正直,不愿同流合污,但眼下为生计所迫,自己只有保持纯真的本性,打算最终返回田园。我们可以从他的《始作镇军参军经曲阿作》中看出他的这一思想变化。

弱龄寄事外，委怀在琴书。

被褐欣自得，屡空常晏如。

时来苟冥会，宛辔憩通衢。

投策命晨装，暂与园田疏。

眇眇孤舟逝，绵绵归思纡。

我行岂不遥，登降千里余。

目倦川途异，心念山泽居。

望云惭高鸟，临水愧游鱼。

真想初在襟，谁谓形迹拘？

聊且凭化迁，终返班生庐。

刘裕举事后，桓玄逼迫皇帝一路西行，刘裕和何无忌等一干将领，整日追杀，腥风血雨，异常凶险。陶渊明似乎又回到了三年前随刘牢之东征的场景，他虽有报国杀敌之心，但跃马挺枪，厮杀疆场，终非所长。这时正好刘敬宣归来，刘裕任命刘敬宣先为晋陵太守，后为江州刺史。[①] 陶渊明趁机向刘裕提出，到家乡江州刘敬宣处任职，刘裕自然答应了。

刘敬宣是刘牢之之子，四年前和刘裕、陶渊明都是同事。刘牢之出事后，刘敬宣与高雅之、司马休之出走洛阳，结盟青州大姓崔氏、封氏，以及鲜卑豪族，图谋推翻南燕皇帝慕容德，改立晋宗室的司马休之，以恢复晋室。无奈，由于高雅之

---

① 司马光：《资治通鉴》，中华书局 2007 年版，第 1359 页。

不慎，图谋败露，刘敬宣与司马休之出逃。所幸此时刘裕已击败桓玄，刘敬宣与司马休之才重新回到东晋。

刘敬宣见陶渊明来到江州，甚是喜欢。他们按照刘裕的要求，在江州征集军粮、船舰，以及其他军用物资，务求储备丰盈，为刘裕大军做好后勤保障，刘裕见此甚是欣慰。不过，当时刘裕手下的一些将佐却看不起刘敬宣，认为他没有参加当初的起义。尤其是和刘裕一起共建大业的刘毅，对刘敬宣任江州刺史十分不满，他曾派人告诉刘裕："刘敬宣没有和我们一起共谋举义，给他当个郡守已经很优渥了，现在让他当刺史，这样许多将领会因此懈怠。"[1]刘敬宣知道这件事后十分不安，他虽然知道这是刘毅对自己的报复，但一想到将佐们都在追杀桓玄残部，许多州池还没有夺回，自己在这种情况下无功受禄，也确实说不过去。于是，他主动给刘裕奏表解除自己职务。刘敬宣给刘裕的这个辞呈表，是由陶渊明送往建康的。

《乙巳岁三月为建威参军使都经钱溪》，就是陶渊明出使京都途经钱溪时写下的。诗中通过对途中景物的描写，抒发了他的思乡之情和归隐之念。

> 我不践斯境，岁月好已积。
> 晨夕看山川，事事悉如昔。

---

① 司马光：《资治通鉴》，中华书局 2007 年版，第 1364 页。

微雨洗高林，清飙矫云翮。

眷彼品物存，义风都未隔。

伊余何为者，勉励从兹役？

一形似有制，素襟不可易。

园田日梦想，安得久离析？

终怀在归舟，谅哉宜霜柏。

陶渊明到建康后，看到桓玄一派的人物逐渐被杀掉，刘牢之一系的旧人，也慢慢被排斥。同时，一些新权贵弹冠相庆，他很看不惯眼前的一切。当时，晋安帝已经复位，国家形势逐渐处于稳定，陶渊明又有了回归田园的想法。他想如果刘敬宣真的被解职，那么，自己也辞职归隐。

刘裕看了刘敬宣的辞呈表后，念及过去的情谊，没有完全将刘敬宣解职，而是调刘敬宣担任宣城内史。刘敬宣被调往安徽宣城后，陶渊明就毅然辞职还乡。

陶渊明自 399 年从军，历任刘牢之、桓玄、刘裕和刘敬宣参军，在奔波于仕途，劳顿于行役的六七年间，其思想最大的特征是矛盾交集。他每次出仕总是胸怀大志，而遇到行役困苦、战场凶险时，又留恋起自由自在的田园生活。这一点我们可以从以下两首诗中清晰窥见：

遥遥从羁役，一心处两端。

掩泪泛东逝，顺流追时迁。

日没星与昴，势翳西山巅。

萧条隔天涯，惆怅念常餐。

慷慨思南归，路遐无由缘。

关梁难亏替，绝音寄斯篇。

——《杂诗十二首·其九》

闲居执荡志，时驶不可稽。

驱役无停息，轩裳逝东崖。

沉阴拟薰麝，寒气激我怀。

岁月有常御，我来淹已弥。

慷慨忆绸缪，此情久已离。

荏苒经十载，暂为人所羁。

庭宇翳余木，倏忽日月亏。

——《杂诗十二首·其十》

第五章　回归田园

羁鸟恋旧林，池鱼思故渊。

——《归园田居·其一》

一

公元 405 年 8 月，辞职四个多月后，陶渊明在亲朋好友的
劝告和叔叔陶夔的帮助下，又出来做官了，这次出任的是彭
泽令，这也是他最后一次出仕。陶渊明之所以经常在出仕和
归隐之间摇摆，主要原因是官情未泯，生活所迫。这次出仕，
也是为日后归隐做生活准备，"聊欲弦歌，以为三径之资可
乎"①。过去一些隐士在归隐前，往往会选择做一两任县令，
为归隐筹措资金，陶渊明也是出于这一目的。这一点我们可
以从他的自白中，得到很好的验证：

余家贫，耕植不足以自给。幼稚盈室，瓶无储
粟，生生所资，未见其术。亲故多劝余为长吏，脱然
有怀，求之靡途。会有四方之事，诸侯以惠爱为德，

①　房玄龄等:《晋书》,中华书局 1974 年版,第 2461 页。

　　家叔以余贫苦，遂见用于小邑，于时风波未静，心惮

远役，彭泽去家百里，公田之利，足以为酒，故便求

之……犹望一稔，当敛裳宵逝。寻程氏妹丧于武

昌，情在骏奔，自免去职。仲秋至冬，在官八十余

日……

——《归去来兮辞》

　　陶渊明本打算做一年县令，"犹望一稔，当敛裳宵逝"。因丧程氏妹，"情在骏奔，自免去职"。这实际上是一种托词。彭泽到武昌，水陆兼程不过四百多里路，如为奔丧，尽可请假。当年其外公孟嘉到山阴给谢永吊丧，路途遥远，也未辞职。陶渊明这次辞职的真正原因，其实同当年辞去江州祭酒一样，完全是秉性使然，不堪吏职。

　　据《晋书·陶潜传》记载，陶渊明到任八十一天时，碰到寻阳郡督邮来检查工作，寻阳郡的督邮刘云，以凶狠贪婪闻名。每年两次以巡视为名，向辖县索要贿赂，稍有不从，便栽赃陷害。这次派来的督邮，是个粗俗而傲慢的人，一到彭泽，便命县吏把县令叫来。陶渊明平时性刚正直，不肯趋炎附势，对这种假借上司名义发号施令的人，很瞧不起，但又不得不见。于是，他马上动身。县吏拦住陶渊明说："大人，参见督邮要穿官服，并且束上大带，不然有失体统，都督会乘机找碴儿，对大人不利。"这下陶渊明再也无法忍受了，他大声吼道："我不能为五斗米向乡里小人折腰！"说罢，取出官印，写

了一封辞职信,毅然离开了彭泽县。

在封建社会里,像陶渊明这种性刚正直,容不得半点尘埃的人,其实是不适合在官场司职的。尽管他有才华,有志向,想为朝廷做一番事业,但一遇到具体事情,往往沉不住气,而意气用事。江州祭酒和彭泽县令的辞职,就是最好的明证。其实,这一点他自己也很清楚,只是忍不住罢了。在辞职彭泽令十年后,陶渊明在对儿子叙述自己生平与志趣时说道:"吾年过五十,少而穷苦,每以家弊,东西游走。性刚才拙,与物多忤。自量为己,必贻俗患。僶俛辞世,使汝等幼而饥寒。"

性格刚直,无逢迎取巧之能,与社会人事多不相合。自己为自己所考虑,这样下去必然会留下祸患,于是,就辞去了官职。哪怕朝廷后来召其任著作佐郎,也不肯出仕。你看,陶渊明自我剖析得多么深刻到位。至此,我们对陶渊明不再出仕,深信不疑。

二

陶渊明对躬耕生活,早年就有亲历,只不过那时家里有专门的佃客,自己只是打打下手而已。真正的耕作生活,是从他为母亲丁忧期间开始的。《癸卯岁始春怀古田舍二首》就是写于这一时期。

其一

在昔闻南亩，当年竟未践。

屡空既有人，春兴岂自免？

夙晨装吾驾，启涂情已缅。

鸟哢欢新节，泠风送余善。

寒草被荒蹊，地为罕人远。

是以植杖翁，悠然不复返。

即理愧通识，所保讵乃浅？

其二

先师有遗训，忧道不忧贫。

瞻望邈难逮，转欲志长勤。

秉耒欢时务，解颜劝农人。

平畴交远风，良苗亦怀新。

虽未量岁功，即事多所欣。

耕种有时息，行者无问津。

日入相与归，壶浆劳近邻。

长吟掩柴门，聊为陇亩民。

　　这两首诗，是陶渊明最早的躬耕诗。通过这两首诗，我们可以看到陶渊明归耕田园的喜悦，以及远离尘世的决心。

　　陶渊明真正过上田园躬耕生活，是从彭泽辞官后开始的。这时候长期困扰他的思想矛盾得到了解决，身与心、形

与神达到了和谐统一,心境异常开阔,并从田间劳动中得到
了愉悦的享受。我们来看一下他的《归园田居·其一》:

> 少无适俗韵,性本爱丘山。
> 误落尘网中,一去十三年。[①]
> 羁鸟恋旧林,池鱼思故渊。
> 开荒南野际,守拙归园田。
> 方宅十余亩,草屋八九间。
> 榆柳荫后檐,桃李罗堂前。
> 暧暧远人村,依依墟里烟。
> 狗吠深巷中,鸡鸣桑树巅。
> 户庭无尘杂,虚室有余闲。
> 久在樊笼里,复得返自然。

这首诗写他辞职归田的愉快心情和乡居的乐趣,表达了
他对官场的厌恶及其不与世俗同流合污的情操。归园田居
共有五首,通过描写田园闲居、躬耕、饮酒、山川之游等一系
列生活细节,反映了陶渊明最初的隐居生活,抒发了诗人自
由快乐愉悦的心情。

---

① 吴仁杰《陶靖节先生年谱》:"按太元癸卯,先生初仕为州祭酒,至
乙巳去彭泽而归,才甲子一周,不应云'三十年',当作'一去十三年'。"孟
二冬《陶渊明集译注及研究》:"三十年:疑当为'十三年'。陶渊明从二十
九岁初仕江州祭酒,至辞彭泽令归田,前后恰好十三年。"

人生总是在飘荡变化中度过的,陶渊明也是如此。在归隐后的第四年,也就是义熙四年(408)六月,他居住的园田居遭遇了火灾。

草庐寄穷巷,甘以辞华轩。

正夏长风急,林室顿烧燔。

一宅无遗宇,舫舟荫门前。

迢迢新秋夕,亭亭月将圆。

果菜始复生,惊鸟尚未还。

中宵伫遥念,一盼周九天。

总发抱孤介,奄出四十年。

形迹凭化往,灵府长独闲。

贞刚自有质,玉石乃非坚。

仰想东户时,余粮宿中田。

鼓腹无所思,朝起暮归眠。

既已不遇兹,且遂灌我园。

——《戊申岁六月中遇火》

这场火灾不仅给陶渊明造成了经济损失和精神痛苦,还给他的生活带来了极大的不便。火灾后,为了守住一些从烈火中抢出来的粮食和家产,全家只好暂时寄身于废墟前河道上的舫舟中。不久,陶家又搬回柴桑城上京里的旧宅居住。柴桑是陶家的根据地之一,当年陶侃在交州击败杜弘、温邵后，"因功被封为柴桑侯，食邑增至四千户"。所以，在柴桑渊明家田园遍布，有园田居、西田、下潠田、南村等多处。在上京，不仅陶渊明有旧宅，陶家其他亲戚也有旧宅。①

> 畴昔家上京，六载去还归。
>
> 今日始复来，恻怆多所悲。
>
> 阡陌不移旧，邑屋或时非。
>
> 履历周故居，邻老罕复遗。
>
> 步步寻往迹，有处特依依。
>
> 流幻百年中，寒暑日相推。
>
> 常恐大化尽，气力不及衰。
>
> 拨置且莫念，一觞聊可挥。
>
> ——《还旧居》

陶母去世后，陶渊明先在上京守孝，后为耕种方便，移居园田居，如今归来正好六载。睹物思情，再加上远离田园躬耕生活，陶渊明心情异常压抑郁闷，毫无快乐可言，全靠读书作文打发日子。不久，陶渊明全家移居南村（栗里）居住。

---

① 陶渊明回上京旧宅居住时，曾凭吊已故从弟仲德的旧宅，并作《悲从弟仲德》。可见，在上京渊明还有不少亲戚。

三

陶渊明辞职归隐的前几年,几乎谢绝人事,专注于田园生活,交往的也多是村夫野老。但到义熙六年(410)移居南村后,情况就发生了变化。虽然过的还是躬耕生活,但同外面的交往渐渐多了起来。我们来看他的《移居二首》:

其一

昔欲居南村,非为卜其宅。

闻多素心人,乐与数晨夕。

怀此颇有年,今日从兹役。

弊庐何必广?取足蔽床席。

邻曲时时来,抗言谈在昔。

奇文共欣赏,疑义相与析。

其二

春秋多佳日,登高赋新诗。

过门更相呼,有酒斟酌之。

农务各自归,闲暇辄相思。

相思则披衣,言笑无厌时。

此理如不胜?无为忽去兹。

衣食当须纪,力耕不吾欺。

在南村一带，当时居住着很多心地淳朴的"素心人"，不像园田居只有农夫居住。这些士人像陶渊明一样隐迹田园，他们志趣相投，奇文共赏，疑义相析。相约郊游，登高赋诗。过门相呼，有酒斟酌。在这样的环境中，陶渊明无拘无束的天性得到了充分释放。

在这些士人中，比较知名的有刘柴桑（刘程之）①、周续之、张野。刘程之、周续之和陶渊明被后人称为"寻阳三隐"。张野则与陶渊明有姻亲关系。

这些隐居的士人，有的后来禁不住官府的邀请，再次出仕。②对此，陶渊明曾苦苦相劝，如《示周续之祖企谢景夷三郎》：

> 负疴颓檐下，终日无一欣。
> 药石有时闲，念我意中人。
> 想去不寻常，道路邈何因？
> 周生述孔业，祖谢响然臻。
> 道丧向千载，今朝复斯闻。
> 马队非讲肆，校书亦已勤。
> 老夫所有爱，思与尔为邻。
> 愿言诲诸子，从我颍水滨。

---

① 刘程之做过柴桑县令，于元兴二年（403）弃官归隐，故有刘柴桑之称。

② 萧统《陶渊明传》："刺史檀韶苦请续之出州，与学士祖企、谢景夷三人共在城北讲《礼》，加以雠校。所住公廨，近于马队。是故渊明示其诗云：'周生述孔业，祖谢响然臻。马队非讲肆，校书亦已勤。'"

　　除了同隐居的士人交往外，陶渊明同当时南方佛教界最具影响力的东林寺慧远法师也有交往。慧远在庐山创立白莲社时，"入社者有一百二十三人"，刘遗民、周续之、张野等都参加，他们一道邀请陶渊明进山入社。《莲社高贤传》记载："时远法师与诸贤结莲社，以书招渊明。渊明曰：'若许饮则往。'许之，遂造焉。忽攒眉而去。"慧远答应了陶渊明的饮酒要求，陶渊明也上山拜访了慧远，但到最后陶渊明还是没有加入白莲社，这充分体现了陶渊明喜爱自由而不受拘束的性格。

　　陶渊明虽然没有参加白莲社，但时常与慧远有交往，《高僧传·慧远传》所载的"虎溪送客"故事，足见二位关系非同一般。陶渊明同慧远虽有深度交往，但两人对佛教的认识大相径庭。这点我们可以从东林寺"万佛影台"落成之际，慧远请远在京城的谢灵运作《万佛影铭》，而不请同在柴桑的陶渊明中，看出一些端倪。慧远曾于义熙八年（412）在庐山刻石以立佛像，翌年九月"万佛影台"落成时，写下了著名的《万佛影铭》一文。同时，他派弟子到京城，请谢灵运作《万佛影铭》（即《佛影铭》）。慧远的文章强调的是"形尽神不灭"，即人死了其灵魂还存在。"廓矣大象，理玄无名。体神入化，落影离形。"这实际上是对"有神论"的肯定和宣传。谢灵运的《佛影铭》，除了对佛法大力赞扬外，亦持有慧远"神不灭"的观点。而陶渊明则认为"形神相即，形尽神灭"。他对慧远的"形尽神不灭"进行了全面批驳，其《形影神并序》就是针对慧远写的。

除隐士高僧外，南村一带还居住着不少外来文人学士，陶渊明与他们也多有交往。

> 游好非少长，一遇尽殷勤。
> 信宿酬清话，益复知为亲。
> 去岁家南里，薄作少时邻。
> 负杖肆游从，淹留忘宵晨。
> 语默自殊势，亦知当乖分。
> 未谓事已及，兴言在兹春。
> 飘飘西来风，悠悠东去云。
> 山川千里外，言笑难为因。
> 良才不隐世，江湖多贱贫。
> 脱有经过便，念来存故人。
>
> ——《与殷晋安别并序》

殷晋安原名殷景仁，任江州晋安郡南府长史掾时，携家客居柴桑南里（南村）。渊明移居南村后，两人做了一年多邻居，结下了深厚的友谊。义熙七年（411），殷晋安被辟为太尉刘裕的参军，陶渊明作诗相送，表达了依依惜别之情。

庞参军赴镇江任荆州刺史、镇西将军刘义隆的参军前，也曾在南村与陶渊明做过两年邻居，《答庞参军并序》正是表达了这种老朋友的情意。

相知何必旧，倾盖定前言。

有客赏我趣，每每顾林园。

谈谐无俗调，所说圣人篇。

或有数斗酒，闲饮自欢然。

我实幽居士，无复东西缘。

物新人惟旧，弱毫多所宣。

情通万里外，形迹滞江山。

君其爱体素，来会在何年？

义熙十一年（415）刘柳出任江州刺史，任刘柳后军功曹的颜延之也一同前往寻阳。由于颜延之居住在南村，且官职清闲，有较多时间与陶渊明交流。其时，颜延之虽文名不响，而陶渊明在诗歌艺术上已较知名，但两人关系相当密切。这期间，陶渊明了解到，颜延之是一位性格率真、好学上进的文坛后生。颜延之则对陶渊明的人品、学问、诗文、生活也有较多了解。这一点我们可以从颜延之后来作的《陶征士诔并序》中看出。

景平二年（424），颜延之因刘义真事件牵连，被外放为始安（今桂林）太守，在任职途中路经寻阳，专门拜访了陶渊明。颜延之在陶渊明面前流露了对时政的诸多不满，如苛政重赋、相互倾轧、少数人独揽大权等等，牢骚满腹。陶渊明对此以长者的身份劝慰："独正者危，至方则碍。"人在仕途，须"纵浪大化中，不喜亦不惧"。因两人秉性相近，每次除谈论时政、诗歌外，都喝得酩酊大醉。颜延之临走时，还给陶渊明留下了两万钱，[①]可见两人感情至深。

陶渊明移居南村后，随着声望的逐渐提高，南村一带集聚起大量的文人学士，陶渊明也俨然成了那里的文人领袖。宋武帝永初二年（421），陶渊明发起了一次群游活动，这就是著名的游斜川。

> 辛酉正月五日[②]，天气澄和，风物闲美，与二三邻曲，同游斜川。临长流，望曾城。鲂鲤跃鳞于将夕，水鸥乘和以翻飞。彼南阜者，名实旧矣，不复乃为嗟叹。若夫曾城，傍无依接，独秀中皋，遥想灵山，有爱嘉名。欣对不足，率尔赋诗。悲日月之遂往，悼吾年之不留。各疏年纪乡里，以记其时日。

> 开岁倏五日，吾生行归休。
> 念之动中怀，及辰为兹游。
> 气和天惟澄，班坐依远流。
> 弱湍驰文鲂，闲谷矫鸣鸥。

---

① 萧统《陶渊明传》："每往，必酣饮致醉。弘欲邀延之坐，弥日不得。延之临去，留二万钱与渊明。渊明悉遣送酒家，稍就取酒。"
② "辛酉"（421）多本作"辛丑"（401）。曾集刻本、汤汉本云，一作"酉"。逯钦立和王瑶本"丑"作"酉"，今从之。

迥泽散游目，缅然睇曾丘。

虽微九重秀，顾瞻无匹俦。

提壶接宾侣，引满更献酬。

未知从今去，当复如此不？

中觞纵遥情，忘彼千载忧。

且极今朝乐，明日非所求。

　　陶渊明这篇《游斜川并序》，序文精美绝伦，言情并茂，充满诗情画意，与诗歌相得益彰，浑然一体。有许多学者认为这次活动堪比王羲之发起的兰亭集会。

　　东晋有荐贤招隐制度，州郡一级长官负有举荐责任。陶渊明移居南村后，隐逸的名声越来越大，这自然引起江州刺史的重视。王弘和檀道济两任刺史先后造访渊明，邀请他出仕，但都被渊明拒绝。义熙十四年（418），朝廷征渊明著作佐郎。这时名义虽属晋朝，实际上晋室禅让给刘裕已成定局。陶渊明如出仕，等于是仕宋，而非仕晋，他态度坚决，宁做旧朝遗民，不做新朝新贵，坚决不就。这也表明了陶渊明隐居田园的决心，已经异常坚定。

　　陶渊明虽然隐居田园，但他并不是两耳不闻窗外事，从他交往的士人中，我们可以看出，他对国事还是比较关心的。义熙十三年（417），刘裕北伐后秦，破长安，灭姚泓，驻军关中。驻军京都的左将军朱龄石得到捷报后，派长史羊松龄前往祝贺。羊松龄家住南村，与陶渊明为邻，此番远行，千里迢

迢。临行前来向陶渊明告别,于是陶渊明写诗相赠:

> 左军羊长史衔使秦川,作此与之。
>
> 愚生三季后,慨然念黄虞。
>
> 得知千载上,正赖古人书。
>
> 贤圣留余迹,事事在中都。
>
> 岂忘游心目?关河不可逾。
>
> 九域甫已一,逝将理舟舆。
>
> 闻君当先迈,负疴不获俱。
>
> 路若经商山,为我少踌躇。
>
> 多谢绮与甪,精爽今何如?
>
> 紫芝谁复采?深谷久应芜。
>
> 驷马无贳患,贫贱有交娱。
>
> 清谣结心曲,人乖运见疏。
>
> 拥怀累代下,言尽意不舒。
>
> ——《赠羊长史并序》

洛阳收复,九州统一,陶渊明非常高兴,他希望能亲自去看看中都风光,游历一下中原。可他已病了多年,"负疴不获俱",实在力不从心,只好作罢。现在他最关心的是刘裕的举动,他担心刘裕攻下长安后,很快就会称帝。这一点连魏、夏二敌国都看得清清楚楚,陶渊明自然忧心忡忡。

　　事情正像陶渊明预料的那样，义熙十四年（418）六月，太尉刘裕接受相国、宋公、九锡之命。十二月，刘裕以谶云"昌明之后尚有二帝"，派中书侍郎王韶之与皇帝左右的人密谋毒杀安帝，而立琅邪王德文。戊寅日，王韶之以宽衣把安帝缢死于东堂。刘裕假传遗诏，奉司马德文即皇帝位，是为恭帝。元熙元年（419）七月，刘裕受进爵之命为宋王。永初元年（420）六月，刘裕代晋称帝，降封司马德文为零陵王，改国号为"宋"，改年号为永初。次年九月，刘裕派褚淡之和他的哥哥、右卫将军褚叔度以看望零陵王妃为名，择机毒杀恭帝。"妃出就别室相见。兵人逾垣而入，进药于王，王不肯饮……兵人以被掩杀之。"[①]刘裕一连串的篡权丑行，激起了陶渊明的极大愤慨，但他不好与刘裕正面冲突，只能用隐晦曲折的语言表达抗争。《述酒》这首诗表达了他此时的心情：

　　　　　　重离照南陆，鸣鸟声相闻。

　　　　　　秋草虽未黄，融风久已分。

　　　　　　素砾皛修渚，南岳无余云。

　　　　　　豫章抗高门，重华固灵坟。

　　　　　　流泪抱中叹，倾耳听司晨。

　　　　　　神州献嘉粟，西灵为我驯。

　　　　　　诸梁董师旅，芊胜丧其身。

───────────

①　司马光：《资治通鉴》，中华书局1976年版，第3740页。

山阳归下国,成名犹不勤。

卜生善斯牧,安乐不为君。

平王去旧京,峡中纳遗薰。

双阳甫云育,三趾显奇文。

王子爱清吹,日中翔河汾。

朱公练九齿,闲居离世纷。

峨峨西岭内,偃息常所亲。

天容自永固,彭殇非等伦。

四

东晋十一位皇帝绝大多数昏庸无知,以致造成朝廷混乱不堪,时局动荡不安。陶渊明生长在这么一个时代里,虽然从年轻时起便希望有所作为,为东晋王朝建立安定平稳的局面出一点微薄之力,但无奈报国无门。他跟随过的几位将军,虽然前期也很努力,但到最后绝大多数背叛了朝廷。特别是这次刘裕篡权夺位,改朝换代,使他更无法容忍,他对时局已完全失去了信心。既然实现不了自己的抱负,又不肯与当权者同流合污,那只有到大自然中去,像"商山四皓"那样过无忧无虑的隐居生活了。

陶渊明一直羡慕古代隐士的生活,除"商山四皓"外,他还赞誉过荷蓧丈人、长沮、桀溺、於陵仲子、张长公、邴曼容、郑次都、薛孟尝、周阳珪九位隐士,希望自己能像他们一样自由自在地生活。他在辞去彭泽令后,也一直尝试着这种生活,只是世事难忘。现在不同了,他觉得当今朝廷已再也没有什么可值得他留恋的地方了,他要过自己理想中的生活。

其实,陶渊明一直有自己向往的生活:

> 少学琴书,偶爱闲静,开卷有得,便欣然忘
> 食⋯⋯常言五六月中,北窗下卧,遇凉风暂至,自谓
> 是羲皇上人。
>
> ——《与子俨等疏》

> 方宅十余亩,草屋八九间。
> 榆柳荫后檐,桃李罗堂前。
> 暧暧远人村,依依墟里烟。
> 狗吠深巷中,鸡鸣桑树巅。
>
> ——《归园田居·其一》

> 时复墟曲中,披草共来往。
> 相见无杂言,但道桑麻长。
>
> ——《归园田居·其二》

> 种豆南山下,草盛豆苗稀。
> 晨兴理荒秽,带月荷锄归。
>
> ——《归园田居·其三》

山涧清且浅,遇以濯我足。

漉我新熟酒,只鸡招近局。

——《归园田居·其五》

春秋多佳日,登高赋新诗。

过门更相呼,有酒斟酌之。

农务各自归,闲暇辄相思。

相思则披衣,言笑无厌时。

——《移居二首·其二》

这些都是陶渊明对理想生活的零星描写,但他知道,个体是社会的组成部分,个人的理想,离开社会根本无法实现。因此,在现实生活中,他一直为自己的理想社会而努力奋斗。如今残酷的现实,使他认识到自己的理想根本无法实现,他只好寄托于虚拟的世界,直到《桃花源诗并序》写成①,他的理想社会才全景式地呈现在人们面前:

《序(记)》:

晋太元中,武陵人捕鱼为业,缘溪行,忘路之远近。忽逢桃花林,夹岸数百步,中无杂树,芳草鲜

---

① 《桃花源诗并序》是陶渊明创作的一首田园诗,《古诗纪》《古诗源》《陶渊明集》皆存录此篇。《桃花源诗并序》由《桃花源诗》和《桃花源序》两篇构成,《桃花源记》即《桃花源序》。

美,落英缤纷;渔人甚异之。复前行,欲穷其林。林尽水源,便得一山。山有小口,仿佛若有光,便舍船从口入。初极狭,才通人;复行数十步,豁然开朗。土地平旷,屋舍俨然,有良田、美池、桑竹之属;阡陌交通,鸡犬相闻。其中往来种作,男女衣着,悉如外人;黄发垂髫,并怡然自乐。见渔人,乃大惊;问所从来,具答之。便要还家,为设酒杀鸡作食。村中闻有此人,咸来问讯。自云先世避秦时乱,率妻子邑人来此绝境,不复出焉,遂与外人间隔。问今是何世,乃不知有汉,无论魏晋。此人一一为具言所闻,皆叹惋。余人各复延至其家,皆出酒食。停数日,辞去。此中人语云:"不足为外人道也。"既出,得其船,便扶向路,处处志之。及郡下,诣太守说如此。太守即遣人随其往,寻向所志,遂迷,不复得路。南阳刘子骥,高尚士也;闻之,欣然规往。未果,寻病终。后遂无问津者。

《诗》:

　　　　嬴氏乱天纪,贤者避其世。
　　　　黄绮之商山,伊人亦云逝。
　　　　往迹浸复湮,来径遂芜废。
　　　　相命肆农耕,日入从所憩。
　　　　桑竹垂余荫,菽稷随时艺。

春蚕收长丝,秋熟靡王税。

荒路暧交通,鸡犬互鸣吠。

俎豆犹古法,衣裳无新制。

童孺纵行歌,斑白欢游诣。

草荣识节和,木衰知风厉。

虽无纪历志,四时自成岁。

怡然有余乐,于何劳智慧?

奇踪隐五百,一朝敞神界。

淳薄既异源,旋复还幽蔽。

借问游方士,焉测尘嚣外?

愿言蹑清风,高举寻吾契。

陶渊明这篇《桃花源诗并序》通过虚构的方式,描绘了一个没有战乱徭役,人人平等自由,百姓淳朴可亲,生活自耕自食,环境宁静和谐的理想社会。陶渊明生活在一个特定的时代,他的理想社会既有老子小国寡民思想的体现,又有儒家学者对小康安逸生活的追求,还有古代隐士,以及自己隐居耕作的生活缩影。这种理想社会,虽然具有一定的局限性,但与当时黑暗的现实社会形成了鲜明的对照,表现了他对现实社会的不满和否定。同时,也反映了广大民众追求美好生活的愿望,因此,得到了大家的认同。

第六章　寻觅桃源

心中若有桃花源，何处不是水云间。

一

　　尽管陶渊明被后世誉为我国文学史上的伟大诗人，但是，在他刚逝世时，由于语言直白、诗风朴实，生前所接触的大多是寒素文人等原因，他的名声远不为世人所知。当时，刘宋文坛最负盛名的文学家是颜延之和谢灵运，史称"颜谢"。陶渊明和谢灵运虽然日后一个被称为"田园诗派鼻祖"，一个被称为"山水诗派鼻祖"，且年龄仅差二十岁，又都先后经历了晋孝武帝、晋安帝、晋恭帝、宋武帝、宋少帝、宋文帝这六朝皇帝的兴衰变革，但他俩生前并无任何交往。其实，陶渊明和谢灵运是有许多机会相识的。据《资治通鉴》记载，义熙七年（411）四月，后将军刘毅兼督江州，以刺史身份镇守豫章。翌年四月，"以后将军豫州刺史刘毅为卫将军、都督荆宁秦雍四州诸军事、荆州刺史"。九月，"刘毅至江陵"。在这一年半的时间里，身为刘毅记室参军的谢灵运一直在江州。谢灵运在江州时，还专门上庐山东林寺拜访了慧远法师，为"神殿后凿二池，植白莲，以规求入社"，他在庐山还逗留了几日。只是慧远法师见其心杂，予以拒绝。① 谢灵运和陶渊明同为著名诗人，又与慧远法师相识，两人又近在咫尺，按理说是完全有机会相识的，但最后两人形同陌路。究其原因，主要是谢灵运"负才傲物"，当时陶渊明的诗还入不了他的"法眼"。客观地讲，就当时两人在文坛上的地位，陶渊明是远不及谢灵运的。关于这一点我们一方面可以从刘义庆主编的《世说新语》看出，《世说新语》载有元嘉十年（433）去世的谢灵运的事迹，却没有记述元嘉四年去世的陶渊明的事迹。另一方面，从钟嵘的《诗品》看，钟嵘将谢灵运的诗列为上品，将陶渊明的诗列为中品。② 可见，当时两人在文坛上地位还是有差别的。

颜延之与陶渊明则多有交往，相互也比较了解。陶渊明去世时，颜延之亲自作《陶征士诔并序》，高度赞扬了陶渊明

---

① 陶澍《靖节先生年谱考异》："时秘书丞谢灵运才学为江左冠，而负才傲物，少所推抱。一见远公，遽改容致敬。因于神殿后凿二池，植白莲，以规求入社。远公察其心杂，拒之。"

② 钟嵘《诗品》将谢灵运的诗列为上品，其评语曰："其源出于陈思，杂有景阳之体。故尚巧似，而逸荡过之。颇以繁芜为累。嵘谓若人兴多才高，寓目辄书，内无乏思，外无遗物，其繁富宜哉！然名章迥句，处处间起，丽典新声，络绎奔会。譬犹青松之拔灌木，白玉之映尘沙，未足贬其高洁也。"将陶渊明的诗列为中品，其评语曰："其源出于应璩，又协左思风力。文体省净，殆无长语。笃意真古，辞兴婉惬。每观其文，想其人德。世叹其质直。至如'欢言酌春酒''日暮天无云'，风华清靡，岂直为田家语邪？古今隐逸诗人之宗也。"

的隐逸气节和生活,认为他是可以与古代高士相媲美的真正隐士。至于文笔只用"学非称师,文取指达"一句轻轻带过。这也从一个侧面反映出,在骈体文盛行的南北朝时期,颜延之对陶渊明的诗歌文章风格,还未达到崇拜的地步。但客观地讲,由于颜延之在文坛上的地位,他的这篇诔文一经推出,对扩大陶渊明的影响,起到了不可估量的作用。

晋宋易代后,老百姓把新的希望寄托于宋武帝刘裕身上,希望从此有一个太平安逸的世道,可事与愿违。刘裕登基后,废恭帝司马德文为零陵王。不到一年,又派士兵用被子将恭帝闷死。另外,包庇纵用亲信。其异母弟刘道怜得势后,"贪纵过甚,蓄聚财货,常若不足,去镇之日,府库为之空虚"①。而灭后秦的主将王镇恶,大肆搜刮民财,劫掠奴仆,不可胜计。但刘裕对他俩的行为十分放纵,置之不问。刘裕去世后,长子、皇太子刘义符即位,为宋少帝。但他游戏无度,沉溺于声色犬马,不理国政。登基一年后,宋少帝被辅政大臣联手废黜,并最终被杀。辅政的司空徐羡之、中书令傅亮、领军将军谢晦、护军将军檀道济等又废杀二皇子刘义真,迎立三皇子刘义隆为帝,即宋文帝。这一幕幕使刘宋百姓刚刚燃起的希望之火,瞬间熄灭,心寒如冰。此时,北魏见刘宋政权内部斗争异常激烈,民心涣散,几番发动对南方的战争。由于战乱频繁,民不聊生,百姓纷纷逃离家乡,到深山幽谷中

---

① 沈约:《宋书》,中华书局1974年版,第1462页。

避难。"宋民赋役严苦,贫者不复堪命,多逃亡入蛮。"①

　　在这种情况下,老百姓十分向往一个没有战争纷扰,没有劳役杂税,劳作自由,平等和谐的社会。也正是在这样的背景下,陶渊明描写理想社会的文章《桃花源记》,在社会上引起了共鸣。一些文人开始在现实中寻找"桃花源",他们以"武陵人"为线索,在武陵郡来回寻找。殊不知,陶渊明笔下"桃花源"的理想社会是虚构的,地名也有可能是谐音或虚构。所以,寻访者在武陵郡来来回回,根本找不到《桃花源记》所叙述的山水田园意境。这时,一些有浓厚家乡情结的武陵人士开始撰写《武陵记》,把陶渊明和"桃花源"的故事植入其中。比较知名的有黄闵②、伍安贫③和鲍坚④。

　　昔有临沅黄道真住黄闻山,钓鱼因入桃花源,陶潜有《桃花源记》。今山下有潭名黄闻,此盖闻道真所说遂为其名也。

　　‥‥‥‥‥‥

　　武陵山中,有秦避世人居之,寻水,号曰桃花源。故陶潜有《桃花源记》。

——黄闵《武陵记》

---

① 沈约:《宋书》,中华书局 1974 年版,第 2396 页。

② 黄闵,南齐地志学家,武陵人。

③ 伍安贫,南朝梁武陵人。

④ 鲍坚,南朝梁武陵人。

晋太康中，武陵渔人黄道真泛舟自沅溯流而入。道真既出，白太守刘歆。与俱往，则已迷路。

——伍安贫《武陵记》

昔有临沅黄道真住黄闻山侧，钓鱼因入桃花源，陶潜有《桃花源记》。今山下有潭名黄闻。此盖闻道真所说，遂为其名也。

——鲍坚《武陵记》

武陵山中有秦避世人居之，寻水，号曰桃花源。故陶潜有《桃花源记》。

——鲍坚《武陵记》[①]

但无论如何宣传造势，在武陵县、武陵郡，抑或八百里武陵山脉，至今，仍找不到与陶渊明《桃花源记》描写的山水田园风光相似的地方。

几乎在人们寻找"桃花源"的同时，围绕陶渊明的诗文，文坛上也掀起了一股经久不息的热潮。

一是一些文人开始学拟、效仿、唱和陶诗。如鲍照、江淹

---

① 除黄闵、伍安贫两家所作《武陵记》外，元陶宗仪《说郛》辑得鲍坚《武陵记》一种六条。鲍坚《武陵记》，元前书均不见载。考其所辑"武山"条，《后汉书》注、《册府元龟》等均言出黄闵《武陵记》；又考其所辑"黄闻山"条，《方舆胜览》言出伍安贫《武陵记》。故鲍坚《武陵记》，疑是陶宗仪从黄、伍两家《武陵记》中拼凑条目又附会作者而成。

等暂且放下自己华丽的诗风,刻意模拟陶诗质朴的语言与清新的风格。鲍照的《学陶彭泽体》,被后人认为是模仿陶渊明诗歌的发轫之作。

> 长忧非生意,短愿不须多。
> 但使尊酒满,朋旧数相过。
> 秋风七八月,清露润绮罗。
> 提瑟当户坐,叹息望天河。
> 保此无倾动,宁复滞风波。
>
> ——鲍照《学陶彭泽体》

江淹的《陶征君潜田居》,由于达到惟妙惟肖、几可乱真的程度,以至后人一度把它列入《归园田居》组诗,视为《归园田居·其六》。

> 种苗在东皋,苗生满阡陌。
> 虽有荷锄倦,浊酒聊自适。
> 日暮巾柴车,路暗光已夕。
> 归人望烟火,稚子候檐隙。
> 问君亦何为,百年会有役。
> 但愿桑麻成,蚕月得纺绩。
> 素心正如此,开径望三益。
>
> ——江淹《陶征君潜田居》

唐宋时期,学拟、效仿、唱和陶诗的诗人和作品就更多。苏轼对陶渊明推崇备至,他在给其弟苏辙的信中说:"吾于诗人无所甚好,独好渊明之诗。渊明作诗不多,然其诗质而实绮,癯而实腴。自曹(植)刘(桢)、鲍(照)谢(灵运)、李(白)杜(甫)诸人,皆莫及也。"他一生写了一百零九首和陶诗,自称"追和古人始于吾"。

二是在骈体文盛行的南北朝,梁昭明太子萧统(501—531)对陶渊明的气节和诗文大加赞赏,将陶诗八首、辞一篇编入《文选》,还专门编辑整理了《陶渊明文集》,并为之作序作传。萧统的《文选》一出,为陶渊明质朴的语言和清新自然的诗风树起大旗,也为后人推出了一位伟大的田园诗人。

三是一些诗人、画家在欣赏陶诗田园风光的同时,开始想象陶诗中的画面,尝试描写心目中的"桃花源",致使历朝历代出现了众多描写"桃花源"的诗画。

上述活动,无疑为推崇陶渊明的诗文,扩大"桃花源"的影响,提高陶渊明的社会地位,起了重要作用。

二

由于在现实生活中找不到"桃花源",许多诗人在陶诗中找灵感,创作了大量吟唱"桃花源"的诗文。这里我们选取一些比较著名的诗作,加以欣赏。

逍遥游桂苑,寂绝到桃源。

狭石分花径,长桥映水门。

管声惊百鸟,人衣香一园。

定知欢未足,横琴坐石根。

——庾信《咏画屏风》

桃源惊往客,鹤峤断来宾。

复有风云处,萧条无俗人。

山寒微有雪,石路本无尘。

竹径蒙笼巧,茅斋结构新。

烧香披道记,悬镜厌山神。

砌水何年溜,檐桐几度春。

云霞一已绝,宁辨汉将秦。

——徐陵《山斋》

先贤盛说桃花源,尘忝何堪武陵郡。

闻道秦时避地人,至今不与人通问。

——王昌龄《武陵开元观黄炼师院·其二》

隐隐飞桥隔野烟,石矶西畔问渔船。

桃花尽日随流水,洞在清溪何处边?

——张旭《桃花溪》

渔舟逐水爱山春，两岸桃花夹古津。

坐看红树不知远，行尽青溪不见人。

山口潜行始隈隩，山开旷望旋平陆。

遥看一处攒云树，近入千家散花竹。

樵客初传汉姓名，居人未改秦衣服。

居人共住武陵源，还从物外起田园。

月明松下房栊静，日出云中鸡犬喧。

惊闻俗客争来集，竞引还家问都邑。

平明闾巷扫花开，薄暮渔樵乘水入。

初因避地去人间，更闻成仙遂不还。

峡里谁知有人事，世上遥望空云山。

不疑灵境难闻见，尘心未尽思乡县。

出洞无论隔山水，辞家终拟长游衍。

自谓经过旧不迷，安知峰壑今来变。

当时只记入山深，青溪几度到云林。

春来遍是桃花水，不辨仙源何处寻。

　　　　　　——王维《桃源行》

神仙有无何渺茫，桃源之说诚荒唐。

流水盘回山百转，生绡数幅垂中堂。

武陵太守好事者，题封远寄南宫下。

南宫先生忻得之，波涛入笔驱文辞。

文工画妙各臻极，异境恍惚移于斯。

架岩凿谷开宫室，接屋连墙千万日。

嬴颠刘蹶了不闻，地坼天分非所恤。

种桃处处惟开花，川原近远蒸红霞。

初来犹自念乡邑，岁久此地还成家。

渔舟之子来何所，物色相猜更问语。

大蛇中断丧前王，群马南渡开新主。

听终辞绝共凄然，自说经今六百年。

当时万事皆眼见，不知几许犹流传。

争持酒食来相馈，礼数不同樽俎异。

月明伴宿玉堂空，骨冷魂清无梦寐。

夜半金鸡啁哳鸣，火轮飞出客心惊。

人间有累不可住，依然离别难为情。

船开棹进一回顾，万里苍茫烟水暮。

世俗宁知伪与真，至今传者武陵人。

——韩愈《桃源图》

　　刘禹锡因参加王叔文集团被贬为朗州（今常德）司马，在朗州谪居十年。在这期间，他游遍了当地的奇山异水，寻访名人古迹，写下了大量的诗歌。其中，写桃花源的诗篇就有《游桃源一百韵》《桃源行》和《八月十五夜桃源玩月》等。

渔舟何招招？浮在武陵水。

拖纶掷饵信流去，误入桃源行数里。

清源寻尽花绵绵，踏花觅径至洞前。

洞口苍黑烟雾生，暗行数步逢虚明。

俗人毛骨惊仙子，争来致词何至此？

须臾皆破冰雪颜，笑言委曲问人间。

因嗟隐身来种玉，不知人世如风烛。

筵羞石髓劝客餐，灯蒸松脂留客宿。

鸡声犬声遥相闻，晓光葱笼开五云。

渔人振衣起出户，满庭无路花纷纷。

翻然恐迷乡县处，一息不肯桃源住。

桃源满溪水似镜，尘心如垢洗不去。

仙家一出寻无踪，至今水流山重重。

——刘禹锡《桃源行》

宋以后，随着陶渊明地位的提高，学拟、效仿、唱和陶诗的人越来越多，写"桃花源"的诗文也越来越多。

望夷宫中鹿为马，秦人半死长城下。

避时不独商山翁，亦有桃源种桃者。

此来种桃经几春，采花食实枝为薪。

儿孙生长与世隔，虽有父子无君臣。

渔郎漾舟迷远近，花间相见惊相问。

世上那知古有秦，山中岂料今为晋。

闻道长安吹战尘，春风回首一沾巾。

重华一去宁复得，天下纷纷经几秦？

——王安石《桃源行》

世传桃源事，多过其实。考渊明所记，止言先世避秦乱来此，则渔人所见，似是其子孙，非秦人不死者也。又云杀鸡作食，岂有仙而杀者乎？旧说南阳有菊水，水甘而芳，民居三十余家，饮其水皆寿，或至百二三十岁。蜀青城山老人村，有见五世孙者。道极险远，生不识盐醯，而溪中多枸杞，根如龙蛇，饮其水，故寿。近岁道稍通，渐能致五味，而寿亦益衰。桃源盖此比也欤？使武陵太守得而至焉，则已化为争夺之场久矣。尝意天壤之间，若此者甚众，不独桃源。余在颍州，梦至一官府，人物与俗间无异，而山川清远，有足乐者。顾视堂上，榜曰"仇池"。觉而念之，仇池，武都氏故地，杨难当所保，余何为居之？明日以问客，客有赵令時德麟者，曰："公何为问此？此乃福地，小有洞天之附庸也。杜子美盖云：'万古仇池穴，潜通小有天。'"他日，工部侍郎王钦臣仲至谓余曰："吾尝奉使过仇池，有九十九泉，万山环之，可以避世，如桃源也。"

凡圣无异居，清浊共此世。

心闲偶自见，念起忽已逝。

欲知真一处，要使六用废。

桃源信不远，杖藜可小憩。

躬耕任地力，绝学抱天艺。

臂鸡有时鸣，尻驾无可税。

芩龟亦晨吸，杞狗或夜吠。

耘樵得甘芳，齕啮谢炮制。

子骥虽形隔，渊明已心谐。

高山不难越，浅水何足厉。

不如我仇池，高举复几岁。

从来一生死，近又等痴慧。

蒲涧安期境，罗浮稚川界。

梦往从之游，神交发吾蔽。

桃花满庭下，流水在户外。

却笑逃秦人，有畏非真契。

——苏轼《和桃花源诗并引》

祖龙门外神传璧，方士犹言仙可得。

东行欲与羡门亲，咫尺蓬莱沧海隔。

那知平地有青春，只属寻常避世人。

关中日月空万古，花下山川长一身。

中原别后无消息，闻说胡尘因感昔。

谁教晋鼎判东西，却愧秦城限南北。

人间万事愈堪怜，此地当时亦偶然。

何事区区汉天子，种桃辛苦望长年。

————汪藻《桃源行》

武陵樵客出桃源，自许重游不作难。
却觅洞门烟锁断，归舟风月夜深寒。

————黄庭坚《武陵》

木缺桥横一径微，断烟残霭晚霏霏。
十年倦客明双眼，五月游人换夹衣。
翠峡束成寒练静，苍崖溅落素鲛飞。
尔来自笑痴顽甚，著处吟哦不记归。

————陆游《桃源》

醉漾轻舟，信流引到花深处。尘缘相误，无计花间住。
烟水茫茫，千里斜阳暮。山无数，乱红如雨，不记来时路。

————秦观《点绛唇·桃源》

物外烟霞卜四邻，武陵不是避秦人。
软红香土君休羡，千树桃花满意春。

金羁镣镣六月寒，桃花春梦隔征鞍。
青山归计何时办，画卷空留马上看。

————元好问《武善夫桃溪图二章》

桃源一去绝埃尘，无复渔郎再问津。

想得耕田并凿井，依然淳朴太平民。

——赵孟頫《题四画·桃源》

长城远筑阿房起，黔首驱除若蝼蚁。

谁知别有小乾坤，藏在桃花白云里。

桃花重重间白云，洞门锁住千年春。

男耕女织作生业，版籍不是秦家民。

桑麻鸡犬村村屋，流水门墙映花竹。

无端渔父绿蓑衣，带得黄尘入幽谷。

主人迎客坐茅堂，共话山中日月长。

但见花开又花落，岂知世上谁兴亡。

明朝渔父归城市，回首云山若千里。

再来何处觅仙踪，恨满桃花一溪水。

——萨都剌《桃源行题赵仲穆画》

桃源在何许？西峰最深处。

不用问渔人，沿溪踏花去。

——王守仁《山中示诸生五首·其三》

桑麻鸡犬自成村，天遣渔郎得问津。

世上神仙知不远，桃花只待有缘人。

——文徵明《桃源图》

溪雨濯云根，花林水气温。

睡鸾常守月，仙犬欲遮门。

绿壁红霞宅，丹砂石髓村。

人中几甲子，洞里一黄昏。

——袁宏道《入桃花源四首·其一》

日长山静春归早，千树霞绡缬林表。

无赖东风吹落英，沿溪为引渔郎道。

晋代铜驼荆棘中，秦家宫阙埋烟草。

何缘几日共盘桓，翻知多少纷争扰。

君有家乡君自归，来路去路两杳渺。

送君还复闭洞天，洞里花香春浩浩。

——爱新觉罗·弘历

《拟桃花源中人送渔郎出源》

忆昔入桃源，万古仙家趣。

桑麻满平畴，绯英缬千树。

惜我羁世网，未能骖云雾。

洞口执手别，殷勤频属付。

重来问仙源，历历想前度。

云水两渺茫，欲涉迷故路。

归来日已西，租吏守门户。

烹鸡送租吏,自愧初心误。

——爱新觉罗·弘历

《拟渔人复至桃花源不复得路》

山路雨后深,云树蒙朝絮。

一鸟忽发声,冲破烟痕去。

涧曲小桥横,屋角云中现。

不见武陵人,但见桃花片。

——陶澍《过桃花溪二首》

　　桃花源有桃源、桃源山、桃源洞、桃花山、武陵源、武陵山等别称,故写桃花源的诗词不计其数,无法统计。

　　在历代文人墨客歌咏桃花源的诗作中,唐代王维的《桃源行》、韩愈的《桃源图》,北宋王安石的《桃源行》被人们公认为名作。王维的《桃源行》用语自然流畅,纯粹是叙事之作。他从"渔舟逐水爱山春"写渔人进入桃源,到回家后"不辨仙源何处寻",按《桃花源记》的场景,一一叙来,使人感到十分亲切清新。韩愈的《桃源图》虽然也是按照《桃花源记》的故事情节层层推进,但音调高昂,气势雄壮,画面绚丽,充分展示了他笔力雄健和才情横溢的特点。王安石的《桃源行》则力去陈言,自创新路。他在陶渊明《桃花源记》的基础上,凭着丰富的想象力,进行了再创作,向人们展示了一个全新的桃花源。

　　据说,李白在黄鹤楼见到崔颢的诗后写道:"眼前有景道不得,崔颢题诗在上头。"自叹不如,搁笔而去。然后人认为李白大可不必如此,诗题虽同,诗意无限。天地之宽,任尔驰骋。写桃花源的诗也是如此,尽管已有帝王重臣、名人大家之作,但是历朝历代歌咏桃花源的诗文仍层出不穷。

<h1 style="text-align:center">三</h1>

　　"桃花源"经历代诗人的文笔点缀,成为人们向往的仙境,使人心驰神往。许多画家和诗人一样,在陶诗中找意境,在生活中找原型,创作了大量的"桃花源"画作。根据文献记载,唐宋时,就有以"桃花源"为主题的绘画出现,但数量不多。至元明,特别是明代,绘制"桃花源"主题的画家越来越多,作品质量也越来越好。比较知名的有赵伯驹、文徵明、仇英等,但由于岁月流逝,目前流传下来的"桃花源"作品数量不多。下面我们选取比较知名的十幅画来欣赏。

1.〔宋〕陈居中《桃源仙居图卷》(局部)

　　陈居中(生卒年不详),南宋画家。注重写实,风格清新。传世作品有《文姬归汉图》《胡笳十八拍图》《进马图》《绝塞逢春图》等。

2.〔明〕文徵明《桃源问津图》(局部)(台北故宫博物院藏)

文徵明(1470—1559),明代书画家、文学家,长洲(今江苏苏州)人,擅长山水,笔墨苍润秀雅,与沈周、唐寅、仇英并称"明四家"。此图山林河湖颇有清旷逸趣,洋溢着安宁祥和的气氛。有文人理想的可游可居,可观可赏,可登可涉,可止可安之象。

3.〔明〕仇英《桃花源图卷》(局部)(美国波士顿艺术博物馆藏)

仇英(约1501—约1551),明代著名画家,江苏太仓人。擅画人物,尤长仕女画,能运用多种笔法表现不同对象。《桃花源图卷》将大青绿山水画和人物画相结合,画卷内容与陶渊明的《桃花源记》一一对应,美不胜收,使人观后浮想联翩。

4.〔明〕仇英《桃源仙境图》(局部)(天津博物馆藏)

　　仇英的《桃源仙境图》和他的《桃花源图卷》一样,取材于陶渊明的《桃花源记》,山中林木茂盛,云烟飘逸,动中有静,宛入仙境:长者席地而坐,萧散从容,谈天论地,自由无羁。童子侍候在侧,甚有敬老之心,全图一派安详,具有超尘脱俗的幽趣,描绘了人们理想中的隐居胜地。

5.〔明〕钱穀《桃花源图卷》(局部)(美国克利夫兰美术馆藏)

钱穀(1508—?),明代画家,吴县(今江苏苏州)人。善山水兰竹,意趣古淡,疏朗清新。传世作品有《虎丘前山图》《求志园图》,均藏于北京故宫博物院,《溪山深秀图卷》,藏于上海博物馆。《桃花源图卷》中人人安居乐业,一派太平景象,令人神往。

6.〔明〕陆治《桃花源图》(局部)

陆治(1496—1576),明代画家,吴县(今江苏苏州)人。用笔劲峭,意境清朗,自成一派。图上良田可耕,平湖可游,桃柳依依,居民一派祥和安宁,具有天人合一的从容之态,画出了陶渊明对和平世界的期望。

7.〔元〕王蒙《桃源春晓图》(台北故宫博物院藏)

王蒙(1308—1385),元代画家,吴兴(今浙江湖州)人,赵孟頫外孙。早年受赵孟頫影响,之后与黄公望、倪瓒等名家交往甚密,得到黄公望指点。《桃源春晓图》是他的代表作之一。此图近景渔郎撑船缓缓而行,两岸桃花争相绽放。中景林木茂盛,山峦叠翠,呈现一派欣欣向荣的景象。远景云雾飘逸,楼阁依稀,可望不可即,使人向往不已。

8.〔明〕周臣《桃花源图》(局部)(苏州博物馆藏)

周臣(1460—1535),明代画家,吴县(今江苏苏州)人。擅长人物山水,画法工整细腻。唐寅和仇英是其学生。此图山高林深,颇有与世隔绝之态,那别有洞天的世界,正是希图躲避战乱,盼望平安的人们所追求的。

9.〔清〕王翚《桃花渔艇图》(局部)(台北故宫博物院藏)

王翚(1632—1717),清代著名画家,江苏常熟人。其绘画题材以山水为主,融会南北诸家之长,开创了"南宗笔墨,北宗丘壑"的新面貌,被称为"清初画圣"。《桃花渔艇图》取材于陶渊明《桃花源记》"缘溪行,忘路之远近,忽逢桃花林,夹岸数百步……"的景象,画家以精美的笔法和构图,生动地再现了桃花源的自然美景和宁静生活。

10.〔清〕黄慎《桃花源图》(局部)(安徽博物院藏)

黄慎(1687—1772),清代画家,福建宁化人。擅长人物、山水、花鸟,被列为"扬州八怪"之一。传世作品有《商山四皓图》《伏生授经图》《芦鸭图》《醉眠图》等。此图中长者或持杖徐徐而行,或聚众交谈,气氛和谐;村落安于山水之间,岚烟流布,泉涌瀑流,桃花盛放,体现了陶渊明散文的美好意境。

四

据不完全统计,目前全国各地有三十多处景点自诩为"桃花源",笔者近年来对比较知名的十处桃花源,进行了实地考察。

1.湖南省常德市桃源县桃花源

桃源县桃花源位于沅江下游南岸,距桃源县城十五公里。桃源县在东汉建武二十六年(50)称沅南县,隶属武陵郡。隋文帝开皇三年(583)废武陵郡为朗州,合并临沅、沅南、汉寿三县为武陵县。963年根据转运使张咏建议,析置桃源县至今。早在晋代,桃源县的桃花山即建有道观,名"桃川宫",为我国古代四大道教圣地之一,有第三十五小洞天、四十六福地的美誉。1112年,宋徽宗御笔钦赐"桃川万寿宫"匾额,名誉更增,香火更盛。加之与陶渊明《桃花源记》中"武陵"地名契合,千百年来,咸集文人墨客,忙杀古今游人。今桃花源由桃源山、桃花山、桃仙岭、秦人村四个景区,桃花山牌坊、菊圃、方竹亭、遇仙桥、水源亭、集贤祠等七十余处景点组成。

2. 湖北省十堰市竹山县桃花源

竹山县古时称武陵县,《汉书·地理志补注》记载,秦昭王取楚六百里地置汉中郡,辖"县十二:西城、旬阳、南郑、褒中、房陵、安阳、成固、沔阳、锡、武陵、上庸、长利"。武陵之名源于竹山境内的武陵水(今堵河)。历史上武陵县几经易名,南朝梁时为安成县。北朝西魏废帝元年(552)改安成县为竹山县,竹山县以县境黄竹山得名。因陶渊明的《桃花源记》有"武陵人"记载,所以,当地人认为竹山县是桃花源的原型地。

竹山县桃花源景区位于巴山东麓与秦岭交会的官渡镇武陵峡,亦称武陵峡桃花源。武陵峡全长二十公里,碧水环绕,群峰峻险,茂林蔽日,环境封闭。在峡谷的尽头,有一块三十多亩的平地,隐居着世代独住在此的老王一家,他们至今仍过着日出而作,日落而息,几乎与世隔绝的生活。

3. 重庆市酉阳县桃花源

重庆酉阳桃花源位于渝鄂湘黔接合的武陵山腹地——酉阳县城北,是一个集天坑、溶洞、地下河于一体的退化天坑,形成已有三亿多年。入口为一高、宽约三十米,长百余米的石灰岩溶洞,洞前的桃花溪水自洞内流出,清澈见底。向前而行便发现天地豁然开朗,中间有良田十余亩,还有美池、茅屋等数十个景点。清代《酉阳州志》称此洞"四面环山,皆峭壁,仿佛与世隔绝,与陶渊明桃花源者,毫厘不爽"。

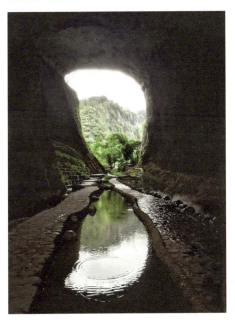

4. 江西省庐山市桃花源

庐山桃花源位于庐山最大峡谷康王谷,全长七点五公里,东西两侧山峰海拔九百米以上,总面积达一万多亩。自入口处沿溪流蜿蜒向前五千米,可见一片开阔地映入眼帘:屋舍俨然,梯田层层,田园风光如画。《图经纪游集》记载:"康王者,楚怀王之子熊绎也。秦灭楚时,王避难谷中,秦将王翦追之急,天忽大风雨,翦人马不能前,康王得脱,遂隐居谷中不出。"此说与《桃花源记》中"先世避秦时乱，率妻子邑人，来此绝境，不复出焉"的描写基本相同，且康王谷距陶渊明晚年居住的南村很近，陶渊明到东林寺走访慧远法师也会路过此地。因此，康王谷被人们认为是陶渊明《桃花源记》的原型地。

5. 安徽省黟县桃花源

黟县桃花源位于距黟县县城六公里的赤岭村（陶村），又名守拙园。"守拙园"之名，得自陶渊明《归园田居》中诗句"开荒南野际，守拙归园田"。据该村《陶氏宗谱》记载，黟县陶村为陶渊明次子一支第三十五世孙陶庚四举家迁居地。守拙园坐落于约三平方公里的盆地中，背靠南山，面临武陵溪,整座村庄都是按照陶渊明田园诗中意境建造。村中至今仍保留着陶氏祖茔、陶氏宗祠、陶家池塘、《陶氏宗谱》等大量历史古迹和文化遗产。李白曾在此留下"黟县小桃源,烟霞百里间。地多灵草木,人尚古衣冠"的诗文。

6.天津市盘山桃花源

天津市盘山桃花源位于天津市蓟州区西北十五公里的盘山。盘山古称徐无山、无终山。

盘山桃花源得名于三国田畴隐居盘山的故事。相传,田畴受幽州牧刘虞派遣到长安朝见献帝。在返回的途中,听说刘虞已被公孙瓒杀害,十分痛心,就直接到刘虞墓前悼念。

结果激怒了公孙瓒,将他拘捕。后公孙瓒怕失去民心,释放了田畴。田畴获释后,带领所有宗族亲戚及别处来依附的几百人,进入徐无山(盘山)中,找了一块平整空旷的土地住下,躬耕以养父母。附近的百姓听说后都来归附,几年间达到了五千多户。

田畴带领大家在此隐居,不只图眼前的安定,而是要图谋大事,报仇雪恨。他针对居住地人口众多,容易相互侵扰欺侮的情况,亲自制定了有关杀伤、盗窃、诉讼等方面的二十多条法律。同时,还规定了婚丧嫁娶的礼仪,兴办学校授课的内容。大家都乐于接受,一时间社会安定,路不拾遗。北边翕然服其威信。袁绍数遣使招命,田畴皆拒不受。田畴因痛恨乌桓残杀当地士大夫,早有讨伐之心,只是实力不济。建安十二年(207),曹操北征乌桓时,田畴投奔曹操。因向导平定乌丸有功,封亭侯,不受。后从征荆州有功,以前爵封之,仍不受。最后拜为议郎。建安十九年去世,时年四十六岁。①

陶渊明仰慕田畴的高尚节义,专门写了诗篇:

> 辞家夙严驾,当往至无终。
>
> 问君今何行?非商复非戎。
>
> 闻有田子泰,节义为士雄。

---

① 陈寿:《三国志》,中华书局 2006 年版,第 208 页。

斯人久已死,乡里习其风。

生有高世名,既没传无穷。

不学狂驰子,直在百年中。

——《拟古九首·其二》

由于田畴隐居之事与《桃花源记》描写的理想社会有相似之处,所以,不少人称盘山为桃花源原型地。

7.云南省坝美村桃花源

坝美村桃花源位于文山州广南县,该村四周群山环绕,地势险要。进出该村需选择村头或村尾两个水洞乘船而行,一进入洞内,映入眼帘的是河谷、翠竹、水车、农田、茅舍、桃花,一片诗情画意。由于这里交通闭塞,与世隔绝,自然环境与《桃花源记》描写的"林尽水源,便得一山。山有小口,仿佛若有光,便舍船从口入"有些相似,故被人们称为桃花源。

8. 江苏省连云港市宿城桃花源

宿城桃花源位于连云港市东三十五公里的云台山,这里背山面海,风光绮丽。宿城桃花源得名于两江总督陶澍的故事。相传,陶澍任两江总督时,曾四年两次到海州(今江苏连云港)巡视。道光十五年(1835)第二次来海州时,他游览了云台山、高公岛、仙人屋、仙人洞等名胜古迹。是年冬天,陶澍回京城向道光皇帝述职,顺便讲到宿城、高公岛一带的太平景象,道光帝问道:"此景与桃花源何异?"由于皇帝以桃花源相比,于是,陶澍就在宿城法起寺旁建起了晋镇军参军陶靖节先生祠堂,并题联:"此间亦有南山,看云归欲夕,鸟倦知还,风景何殊栗里;在昔曾游东海,忆芳草缘溪,林花夹岸,烟村别出桃源。"还在祠堂前种下了五株柳树,周围则普栽桃树,极力营造桃花源的意境。陶姓后人慕于此事,也陆续迁入此地繁衍生息。年深月久,宿城一带留下了许多纪念陶渊明的古迹。所以,后人把宿城称为桃花源。

9. 河南省南阳市桃花源

南阳市桃花源位于内乡县夏馆镇北八公里的青杠树村，属于世界地质公园宝天曼自然保护区内的一处景点。桃花源景区由桃花谷和桃花源两部分组成。桃花谷全长三点五公里，沿途有九弯十三潭，峡谷尽头有落差达一百零八米的天门瀑。沿陡峭山坡拾级而上约三百米，便见山顶有一块近百亩的山间盆地，居住着十多户人家，他们世代在这里繁衍生息。由于地理位置特殊，历朝历代没有盗贼土匪侵扰，村民淳朴友爱，夜不闭户，被人们称为"世外桃源"。

10.贵州省铜仁市桃花源

铜仁市桃花源位于梵净山东部的松桃县乌罗镇桃花源村(2008 年由冷家坝村改名),全村有八个自然寨、十三个村民组、二百七十户人家。梵净山环线公路和一条无名小溪穿村而过。由于该村地处梵净山原始林带,周围山峰秀丽,古木参天,山溪飞瀑,冬暖夏凉,再加上古寨野村的原始风光,现已经成为人们避暑休闲的胜地。

我们先不论陶渊明有否到过上述地方，单从十大桃花源的环境看，真正符合陶渊明《桃花源记》山水田园意境的，只有酉阳的桃花源（指洞内景色），其他地方与陶渊明描写的桃花源意境大相径庭。不过，我们也不否认，无论是诗歌、书画，还是各地开发的桃花源，都表达了人们对美好生活的一种向往，在这里我们不做更多的评价。

第七章　解谜灵山

武陵源在吴中。

——任昉《述异记》

一

千百年来，由于人们在武陵县、武陵郡、武陵山脉一带，都找不到真正的"桃花源"，一些文人雅士开始对世上是否有"桃花源"产生了疑问："神仙有无何渺茫，桃源之说诚荒唐……世俗宁知伪与真，至今传者武陵人。"（韩愈《桃源图》）"投竿拱手向我言，桃源之说非真然。"（胡宏《桃源行》）不过，更多的人坚信，陶渊明《桃花源记》描写的理想社会是虚构的，但山水意境一定有原型。于是，他们扩大范围，开始在全国各地寻找。时至今日，全国已有三十多处"桃花源"景点。这些景点要么以地名据称，要么借景筑景。最后，人们到实地一看，都不是心目中的"桃花源"。所以，有人说"世上本无桃花源，只有庸人自扰之"。

其实，陶渊明写《桃花源记》是有原型的。南朝梁文学家任昉说："武陵源在吴中。"明末清初文学家毛奇龄认为"桃花源"在萧山。

任昉(460—508),字彦昇,乐安郡博昌(今山东寿光市)人。南朝梁著名文学家、方志学家、藏书家。任昉自幼刻苦好学,聪明神悟,四岁能诵诗,八岁能成文,才华横溢,闻名乡里。年轻时先后被丹阳尹刘秉、王俭聘为主簿。永元末年(501),任司徒右长史。梁武帝萧衍即帝位后,任命任昉为黄门侍郎,接着又升任吏部郎中。天监二年(503),任昉出任义兴太守。此后,先后出任礼部郎中、御史中丞、秘书监,领前军将军。天监六年(507),又出任宁朔将军、新安太守。

据史料记载,任昉家境虽然贫穷,但藏书却有上万卷,是梁代三大藏书家之一。他从小饱读经书史书,文学造诣很高,尤其擅长记叙文,落笔成文。在方志学方面成就更为突出,他在陆澄《地理书》的基础上增补八十四部志书,汇编成《地记》,共计二百五十二卷。任昉在编纂《地记》时,收书甚广,但凡记载地表人文、自然地理现象的书籍,全部收录。其中不但包括总志和区域志,还包括专述异物、都邑、行记、山川、冢墓、地名、寺观等专题志书。虽然任昉在修志时,没有把神话传说和现实记载完全分离,但这无损于他在地志学上的贡献。任昉的《地记》是继陆澄《地理书》之后,中国历史上第二部方志学丛书,《四库全书总目》把《地记》称作"丛书之祖"。

任昉曾组织编纂《地记》,对汉代至南朝萧齐时期中国及周边诸国的地理、历史、政治、经济、外交、文化、物产、民俗等情况比较了解;又先后出任过义兴、新安太守,对"三吴"的风土人情十分熟悉。这一点我们可以从他写的《济浙江》诗中窥见一斑："昧旦乘轻风，江湖忽来往。或与归波送，乍逐翻流上。近岸无暇目，远峰更兴想。绿树悬宿根，丹崖颓久壤。"因此，他提出的"武陵源在吴中"，不仅可信，而且具有权威性。

任昉《述异记》书影

那么古代的吴中在哪里呢？

在回答这个问题前，我们不妨先来看几则与吴中有关的故事。

　　项梁杀人，与籍避仇于吴中，吴中贤士大夫皆出项梁下……秦二世元年七月，陈涉等起大泽中。其九月，会稽守通谓梁曰："江西皆反，此亦天亡秦之时也。吾闻先即制人，后则为人所制。吾欲发兵，使公及桓楚将。"是时桓楚亡在泽中。梁曰："桓楚亡，人莫知其处，独籍知之耳。"梁乃出，诚籍持剑居外待。梁复入，与守坐，曰："请召籍，使受命召桓楚。"守曰："诺。"梁召籍入。须史，梁眴籍曰："可行矣！"于是籍遂拔剑斩守头。项梁持守头，佩其印绶。门下大惊，扰乱，籍所击杀数十百人。一府中皆慑伏，莫敢起。梁乃召故所知豪吏，谕以所为起大事，遂举吴中兵。

——司马迁《史记·项羽本纪》

这里记述了两件事：一件是说项梁杀人后，为了躲避仇人，他和项籍（羽）一起逃到吴中，吴中有才能的士大夫，本事都比不上项梁。

另一件是说秦二世元年（前209）七月，陈胜、吴广在大泽乡揭竿而起。同年九月，项羽在项梁的指示下，将会稽郡太守殷通杀死。项梁召集原先所熟悉的豪强官吏，向他们说明起事反秦的道理，于是，发动了吴中之兵起事。

班固的《汉书》对秦汉时期的"吴地"划分记载曰："今之会稽、九江、丹阳、豫章、庐江、广陵、六安、临淮郡，尽吴分也。"①会稽郡设置于公元前222年，郡治在吴县（今苏州市），

---

①　班固：《汉书》，中华书局2007年版，第313页。

辖春秋时长江以南吴国和越国故地。因会稽郡郡所位于吴地的中心地带，故人们简称"吴中"。东汉中期，分会稽郡浙江以北诸县置吴郡，会稽郡治所移至山阴县（今浙江省绍兴市）。此后，会稽郡属地虽有变更，但始终未越浙江以北。

由此可见，《史记·项羽本纪》所述的"吴中"，是指东汉前的会稽郡。

> 翰因见秋风起，乃思吴中菰菜、莼羹、鲈鱼脍，曰："人生贵得适志，何能羁宦数千里以要名爵乎！"遂命驾而归。
>
> ——房玄龄等《晋书·张翰传》

张翰，西晋吴郡吴县人，在洛阳做官时，因见秋风起，想起故乡吴中的菰菜、莼羹和鲈鱼脍，毅然弃官还乡。此事成为文人思乡归隐的佳话，也成就了"莼鲈之思"的典故。显然，这里的吴中，是指吴郡。《后汉书·郡国志》记载，吴郡由吴县（今苏州市）、娄县（今昆山市）、由拳（今嘉兴市）、海盐、余杭、富春（今杭州市富阳区）、乌程（今湖州市）、阳羡（今宜兴市）、无锡、毗陵（今常州市）、曲阿（今丹阳市）、丹徒（今镇江市）、安县等十三个县组成。其中，安县所在地不明，比照《汉书·地理志》，安县可能就是钱塘（今杭州市）。

另外，在初盛唐之交，贺知章、张若虚、张旭和包融被称为"吴中四杰"。贺知章,会稽永兴(今杭州市萧山区)人。张若虚,扬州(今扬州市)人。张旭,吴郡吴县(今苏州市)人。包融,润州延陵(今江苏省丹阳市)人。他们四位都是江浙一带人,而在东汉前,这一带都属会稽郡。

综上所述,我们可以看出,秦时的吴中,是指会稽郡。东汉时,由于吴郡从会稽郡分出单独析置,所以,任昉所说的吴中,应该是指会稽郡和吴郡。具体范围应该在今天的镇江市、常州市、无锡市、苏州市、嘉兴市、湖州市、杭州市和绍兴市一带。

明晰吴中的地理位置,仅仅为我们寻找"桃花源"提供了大致方位,但要确定"桃花源"原型地的具体地点,窃以为,还必须具备以下三个条件:

①陶渊明要到过此地,作者只有到过此地,才有可能把当地的山川地形、风土人情作为原型,写入文章。

②东晋时当地的山川地形、田园风光要符合陶渊明《桃花源记》的意境。

③历史上留下了纪念陶渊明的人文古迹。

对照上述三个条件,我们基本可以确定:"桃花源"的主要原型地,在杭州市萧山区(会稽郡永兴县)浦阳镇灵山村一带。

二

陶渊明到过会稽郡,了解当地的山川地形、风土人情。

第一，陶渊明三次到过会稽郡。

384 年初，二十岁的陶渊明在叔父陶夔的资助下，告别母亲，开始游学求仕生涯。他先到京城建康，是年春天离开建康，游历了吴郡和会稽郡。399 年 12 月和 400 年 11 月，陶渊明又两次随刘牢之到会稽平叛。陶渊明第一次到会稽游学，大约有一年半时间。十五年后，随刘牢之两次到会稽平叛，前后也有六个月时间。在这近两年的时间里，他对会稽的山川地形、风土人情都会有一定的了解。

第二，陶渊明熟悉会稽的山川地形。

这一点我们可以从陶渊明写的《搜神后记》中窥见一斑。《搜神后记》共十卷一百一十七篇，其中，有十三篇所写之事，与剡县、钱塘、句章、上虞、吴兴、富阳、临海等县地名和人物有关。也许有人会对《搜神后记》中杂有元嘉四年（427）渊明卒后事，提出异议，视为伪托。对此，我们不做展开讨论，仅持陈寅恪先生"……其书为随事杂记之体，非有固定之系统。中有后人增入之文，亦为极自然之事，但不能据此遽断全书为伪托"①的观点。

此外，我们在本书第三章"游学会稽"中写道，陶渊明路经永兴时，为了实现小时候的愿望，几经周折，找到了许询的小儿子许珪之，并在许珪之的陪同下，寻访了孟嘉和许询在

---

① 陈寅恪：《金明馆丛稿初编》，生活·读书·新知三联书店 2001 年版，第 194 页。

浦阳江边的相识处,许询客居地和"桃源洞"。在本书第四章"从军平叛"中叙述过,陶渊明两次随刘牢之到会稽平叛,特别是第一次平叛得胜后,在返回京口的途中,陪刘牢之顺路游览了山阴古道,欣赏了浦阳江风光。陶渊明这几次到会稽,一定会对会稽的山水留下深刻印象。

第三,陶渊明了解会稽的风土人情。

会稽郡是东南沿海平原到山区的过渡带,他与周边的东阳郡、临海郡、永嘉郡一样,山川连绵,民族杂处。会稽属"百越之地",《汉书·地理志》颜师古注:"自交趾至会稽七八千里,百越杂处,各有种姓。"旧经载,会稽之姓二十有一,虞、夏、孔、荣、谢、钟、兹、俞、戚、资、骆、朱、贺、钟离、康、庄、阚、留、摇、黄、裘氏在此生生不息。① 其实,实际情况远不止这二十一姓。当时,许多百姓为逃避战乱,免征苛税,纷纷逃进深山老岭。他们结茅为庐,三五成群,开荒种地,与世隔绝。特别是秦朝末年,繁重的赋税、不休的劳役、频繁的战乱,加剧了百姓逃匿。据史料记载,秦时,会稽一带稍微大一点的山坳,几乎都栖居着逃难的百姓。他们隐姓埋名,互不往来。时至今日,深山中仍存在不同村落语言不通的现象。这种奇特的现象,也为陶渊明提供了百姓与世隔绝的素材。

东晋虽然建都在建康,但名士大都汇集于会稽。"会稽有佳山水,名士多居之。谢安未仕时亦居焉。孙绰、李充、许

---

① 施宿等:《(嘉泰)会稽志》,安徽文艺出版社2012年版,第66页。

询、支遁等皆以文义冠世。"王羲之"初渡浙江,便有终焉之志"①。放眼会稽名士,我们大致可以将其分为两类:

一类是官吏。如会稽内史贺循、诸葛恢、孔愉、刘惔、王恬、王述、王羲之、郗愔。剡县县令李充、山阴县令干宝、右军长史孙绰等。贺循作为江南士族领袖,对东晋的建立起了重要支持作用。他在会稽内史任上,悉心规划,开凿了西陵(今萧山西兴)至会稽郡城的人工运河,疏浚周围河道,改善水利环境,促进了整个浙东交通和物产发展。诸葛恢在会稽内史任上三年,政清人和,为诸郡之首,得到了皇帝的充分肯定。其他诸公政事也颇有建树,且大都文采飞扬,书法精湛。其中,卫夫人儿子李充、王羲之、王羲之内弟郗愔的书法,为时人称道。而孙绰文誉甚隆,殷浩、桓温、庾亮等诸公的墓志铭碑文,均出自其手。《游天台山赋》更是被称为掷地有声之作。

另一类为隐士。如谢安、支遁、许询、戴逵等。谢安隐居东山时,屡辞辟命。许询和戴逵多次征辟,全部不就。正像我们前面介绍过的那样,会稽的隐士,并非完全置身于世外,着道修身。当家族、社会、国家需要时,他们会毅然出山,如谢安出山后重振晋室。

这些名人隐士的事迹、风格和做派,对陶渊明的为人处事方式、世界观的形成,以及日后的隐居生活,也会产生一定的影响。

---

① 房玄龄等:《晋书》,中华书局 1974 年版,第 2098—2099 页。

三

灵山村的山川地形、田园风光，符合《桃花源记》的意境。

灵山村位于杭州市萧山区西南部的高洪尖山南麓，地处低山丘陵区。2005 年全区村级规模调整时，由原山前许（古称山泉许）、前山头、高庄里三村合并而成。全村面积 1.89 平方公里，耕地面积 598 亩，园地 129 亩，山地 959 亩，水面 35 亩。现有农户 320 户，人口 1002 人。03 省道东复线开通前，位于关王岭下的三个自然村，群山环抱，交通闭塞，环境幽静。特别是山前许村，十分隐蔽。

山前许村坐落在一个小型盆地中，三面环山，东面为水路出口，盆地中有良田百亩，中间镶嵌的杨树池和洪山池，直通村口的河道。站在黄牛坞岭前的阵架山上遥望，只见田野阡陌交错，池塘明亮如镜，桑竹屋后林立，山边泉水叮咚。每当春天来临，四周桃花、梨花竞相绽放，宛如瑶池仙境。故旧经记载："乡号桃源，里名通远，邑志推为胜境也，择之取之，乐土是适。"①通远里即山前许村。

中唐前，山前许村村民进出村庄，只有黄牛坞岭北侧桃源洞一条路。出此洞，北可抵达戴村、河上等地。东可到达尖山、临浦、诸暨、山阴、会稽等地。中唐后，随着周边人口的增加，人们开始围湖造田，原先的紫湖、洋湖等湖泊沼泽地逐

---

① 　资料来源：《萧山桃源许氏宗谱》卷二。

渐被改造成良田,山前许村村民为了劳动和交往方便,在村子的南西北三面,先后修建了树蓬王岭、游湖岭、豪坑坞岭。南宋时,村民为了运输方便(已有独轮推车),又在村口开山修路,年复一年,逐渐扩建到如今的模样。

唐以前,浦阳江流域人烟稀少,地势低洼,除浦阳江和凰桐江外,很少有堤坝围堰,河道完全由上游江水冲刷而成。当时,浦阳江诸暨段和凰桐江河道狭窄,源短流急,沿江两岸除几处丘陵山地外,是一片江湾水泊。湖泊、河流、沼泽地纵横交错,芦苇丛生,野鸭、白鹭等水鸟群居栖息。据史料记载,中唐前,仅桃源乡就有桃湖、紫湖、低湖、于湖(游湖)、舜湖、谢荇湖、里亭湖、通潮湖、和尚湖、大尖湖、茗溇大小湖等十余处湖泊。村民只能依山而居,所以,这一带村庄普遍以山命名。如尖山、安山、木枴山、前山头、山前许、安家山、羊角山头、童家山、小山脚、小满山等。山前许位于高洪尖山南麓,地势相对较高,从关王岭下来的雨水和村中涌出的泉水在村口汇成桃花溪,经紫湖、桃湖出新河口,流入凰桐江、浦阳江。虽水路弯弯,曲折迷茫,但也给村民带来了水上运输的方便。

唐末宋初,随着人口剧增,人们开始围堰筑坝,向湖泊、沼泽地要良田,浦阳江流域掀起了围田高潮。

桃湖:在县南六十里。今为田三千亩,属桃源乡。

……

到元末明初,桃源乡十余处湖泊几乎全部填土造田,仅存茗溪大小湖和于湖。

茗溪大小湖：县南六十里，大湖在郭墓山东，周二百亩，溉田数千亩；小湖在其北，周百亩，溉田千亩。

于湖：县南六十里，一名游湖。周二里，溉田二顷六十亩。

由于桃源乡"田甚低洼，常为山水漂没，故粮特减半"①。

沧海桑田，如今浦阳江和凰桐江流域，已形成了较为宽阔的河谷平原。虽然湖泊、沼泽地大都改造为良田，但为灌溉、排涝和运输需要，主要河流仍纵横交错，畅通无阻。从卫星高清实景地图看，山前许到浦阳江的水路仍清晰可见。

说到这里，我们不妨想象一下当年渔人进入"桃花源"的路径：武陵渔人从三江口进入西小江，沿浦阳江、凰桐江入新河口，沿桃湖、童家山河道、紫湖，进入桃花溪。在桃花溪尽头上岸，从桃源洞进入"桃花源"。水路弯弯，迷路亦在情理之中。

杭州古时别称"武林"，《汉书》《晋书》均有记载。据班固《汉书·地理志》记载："武林山、武林水所出，东入海，行八百三十里。"武林山即今灵隐、天竺一带群山的总称，这很可能

---

① 杭州市萧山区人民政府地方志办公室：《明清萧山县志》，上海远东出版社2012年版，第683页。

杭州市萧山区浦阳镇桃花源拟想图(浙江省建科建筑设计院有限公司制图)

是杭州古称"武林"的由来。

陶渊明用"武陵"替代"武林",暗藏玄机,使"桃花源"所在成为千古之谜。用陈寅恪先生的话说,这是"文士寓言,故作狡狯"的高明之处。①

<h2 style="text-align:center">四</h2>

萧山、绍兴一带留下了大量纪念陶渊明的人文古迹。

1. 设置"桃源乡"

大约在陶渊明去世四十多年后,会稽郡和全国各地一样,掀起了一股寻找桃花源的热潮。当时,江淹因固求东海郡守,怨怒刘景素,被贬建安郡吴兴县令,置家永兴县(今杭州市萧山区城厢街道江寺为江淹旧居),使他有机会近距离接触会稽山水,听到有关陶渊明的各种传说。于是,他发起了寻找桃花源的活动,其著名诗作《陶征君潜田居》,正是写于这一时期。大约在隋唐时期,人们发现萧山南部山前许一带颇似陶渊明笔下的桃花源,于是有了桃源的称呼,郡府也开始在此设置桃源乡,乡址设在山前许村口的安家山上。从北宋太平兴国三年(978)记载的桃源乡看,当时,桃源乡下设五里:通远里、崇山里、方山里、曹坞里、永福里。通远里即山

---

① 陈寅恪:《金明馆丛稿初编》,生活·读书·新知三联书店2001年版,第195页。

前许村。新中国成立后,这里一直沿袭桃源地名,或设桃源公社,或设桃源乡。1992 年 5 月,桃源乡与径游乡、尖山镇合并为浦阳镇。

2. 命名"菊山"

在唐朝,萧山湘湖东面有一座小山,每到深秋,满山遍野绽放洁白、金黄的菊花,当地居民虽不明缘由,但每当菊花盛开,大家都上山赏菊采菊。慢慢的,到湘湖赏菊成为一种时尚。此事惊动了县令李萼,一日,李萼带县尉丘丹亲自到实地考察,他们走访了湘湖周边不少老人,才得知东晋时,陶渊明随刘牢之到会稽平叛,曾两次在此驻军。后来当地百姓为了纪念陶渊明,在山上种植菊花,天长日久,菊花满山,逐渐成为湘湖一景。李萼有感于陶渊明的事迹和百姓的真情,当即命名此山为菊山。① 此后,菊山名气更盛,明代诗人张山有"菊花晚色陶潜业,湖岸春风贺监船"之咏。现菊山仍在。

3. 竖碑"渊明故里"

隆安四年(400)十一月,陶渊明随刘牢之第二次到会稽平叛,在会稽齐贤羊山与孙恩大军相遇,北府兵勇猛无比,不到半个时辰就打败了孙恩,孙恩又一次逃回海岛。后乡人为

---

① 施宿等:《(嘉泰)会稽志》,安徽文艺出版社 2012 年版,第 168 页。

纪念陶渊明，在当年北府兵扎营的地方植柳结庐。乾隆年间，乾隆二年（1737）状元、浙江学政于敏中在游历会稽时，听闻陶渊明的传说，亲临刑浦、墙汇头等地考证，定墙汇头为"渊明故里"，立碑纪念，并命名该地域为陶里。乡人为了纪念陶渊明，又在石碑附近兴

建一座石拱桥，取名渊明桥。"文革"时期，石碑被敲成两截，残碑"明故里"现存于羊山公园内，"渊"字部分不知去向。而渊明桥也因拓宽航道，于20世纪80年代初被改建为一座钢筋混凝土结构的拱桥，并更名为朝阳桥。

4. 修建"问津亭"

相传渔人黄道真后裔，为了给行走山阴古道的客人提供方便，曾在下定家村（今江南村）的江边设置渡口，摆渡送客。当地村民感念其功德，在渡口处搭建茅屋，供其临时遮风避雨。大约到了北宋末年，村民又自筹资金，将茅屋改建为砖木结构亭子，并命名为"问津亭"。近千年来，问津亭几次倒

塌又几经修复,直到 20 世纪 90 年代,江堤扩建修路,才完全拆除。现问津亭虽然已不复存在,但"曾无野老与争席,可有渔郎来问津"的亭联,当地老人随口可吟。

在距离下定家村三四里地的浦阳江下游柴家村,从明末起也设置了渡口,并在江堤上建有一座供人遮风避雨的亭子,其亭联为:"天乐客来渡头,好问桃津;桃源人去亭畔,且话天空。"

"天乐"指天乐乡,属山阴县,管方山里、馨浦里、斯里里、刹竿里四里。"桃源"指桃源乡,属永兴县。二乡隔江相望,可见当时两地百姓对"桃花源"的向往和自豪。

5.诗吟"桃花源"

随着桃花源声名鹊起,许多文人墨客慕名而来,他们陶醉在秀水灵山的同时,也留下了大量的诗篇。比较知名的有唐代张旭的《桃花溪》和元代铁间的《寒草岩》二首。

> 隐隐飞桥隔野烟,石矶西畔问渔船。
> 桃花尽日随流水,洞在清溪何处边?
>
> ——张旭《桃花溪》

相传,有一年春天张旭赴会稽路经浦阳江畔的尖山镇时,有感于当年孟嘉和许询在此相遇,并成为知己的故事,登上附近的蓬山,向西瞭望许询的客居地。只见远处高洪尖山下云雾缭绕，一座溪桥时隐时现，眼前的桃花随着流水恣意徜徉。于是，他按捺不住问石矶旁的渔翁，桃源洞在溪的哪边？并写下了《桃花溪》这首诗。张旭的这首《桃花溪》，具有很强的方位感和距离感。石矶、渔翁、清溪、桃花、溪桥、云烟，由近而远很好地勾勒出桃源洞的外景，使人读后感觉桃源洞就在眼前，但云雾缥缈中，又不知洞口在哪里。如今桃源的湖泊基本都已改造成良田，清溪也已改道，但石矶仍在。

如果说张旭的《桃花溪》是寻找桃花源的话，那么，铁闾的《寒草岩》，就表达了诗人找到桃花源的无比喜悦。

寒草岩前春色稀，桃花无数映清溪。

吾行已到仙家窟，不比渔人此路迷。

——铁闾《寒草岩》

铁闾，生卒年不详，字充子，鄞县人。至治元年（1321）进士，官至杭州同知（知府副职）。因铁闾是本地人，又在本地做官，所以，他寻找"桃花源"，自然有别人无可比拟的优势。

明末清初文学大家毛奇龄是萧山人，他对"桃花源"情有独钟，几番游览后，写下了许多诗作，我们选取其中几首来欣赏下：

桃花津前津路回，角巾布褐林扉开。

客知古事倘能说，我亦野情当再来。

斜日白桐寒隔坞，迎风红蔓裹当杯。

山村处处春桑发，那见弹筝秦氏台。

————毛奇龄《七律·桃花津前》

桃花灼灼开千树，不记当时问津处。

明霞一片连白云，中有渔人舍舟去。

舍舟欲入志未违，桑麻千顷迎朝晖。

武陵溪上东流水，时见桃花片片飞。

————毛奇龄《七律·桃源图》

溪口桃花红欲暮，浅水泛胡麻。行尽空林散紫霞。来到上清家。

缥缈香坛松饭熟，石鼎醉丹砂。归路残阳噪晚鸦。回首乱云遮。

————毛奇龄《武陵春·登仙桃山》

仙桃山通关王岭，关王岭在灵山村。

毛奇龄的兄长毛万龄擅长画画，对"桃花源"也有吟咏之作：

渡为桃源著，桃源渡若何？

招舟孤竖笠，争渡半樵柯。

无复桃花烂,空惊渔悼过。

不知何岁月,认作武陵波。

——毛万龄《桃源渡》

桃源渡在原尖山镇浦阳江上。

除文人墨客外,当地村夫野老也有吟唱之作,桃源倪氏宗谱,就藏有一册《桃源初集诗》。

第八章　春回桃源

映天美池飞红晕，五柳桃源春正浓。

灵山村一带虽然被邑志推为胜境，被人们誉为"桃花源"原型地，但千百年来，生态环境也遭到了严重破坏。

　　为了修建堤坝池塘、道路桥梁、房屋地基，村民开山取石，山前许村口两边的山体，被活生生挖去近百米，使原先较为隐蔽的山坳"城门大开"；在那个特殊年代，为了大炼钢铁，四周山上合抱粗的大树被砍得精光，其他树木也被当作柴火砍伐。植被破坏后，雨水难以储蓄，村中大部分甘泉干涸断水，如今全村已很难找到几棵百年树龄的大树。特别是近五十年来，由于缺乏用地规划，村中近一半良田被村民用来造屋，原先大片的田园风光只留下一点缩影。另外，由于灵山村地处偏僻，交通闭塞，难以引进像样的企业，村民想致富，只能生产一些污染严重的下游产品。除此之外，人们只好寄希望于养猪、养鸡、养鸭。2009年以前，村民大兴养殖业，抢搭违章建筑，猪鸭鸡狗满村乱跑，屎尿满地，臭气熏天。有的村民为了多养鸭多养猪，在被誉为"母亲池"的杨树池周边围池填土搭棚,使原来二十五亩的池塘缩小到二十亩,池水浑浊发臭。人们戏称当时的山前许村"远看像座小农庄,近看已成畜牧场",村民怨声载道。

针对农村环境"脏乱差",村庄布局"杂乱散"的状况,当地政府也几度推进治理,但效果都不理想。

蝶变是从美丽乡村建设开始的。2013年12月23日至24日,中央农村工作会议在北京召开,会议提出了乡村振兴建设目标:"中国要强,农业必须强;中国要美,农村必须美;中国要富,农民必须富。"萧山区委区政府在省市的统一部署下,向全区发出了建设美丽乡村的号召。灵山村党支部认为,建设美丽乡村,对农村来说是一个难得的发展机遇,对农民来说是一个美好的时代福音,对工作来说则是一个很好的抓手。经过认真梳理,大家一致认为,农村问题,关键是环境、生态、文化三个问题。环境要靠整治管理,生态要靠规划保护,文化要靠传承建设。而要做好这几项工作,党员干部必须发挥带头作用。为此,灵山村党支部制定了《党员公约》十五条,细化了党员言行标准,强化党员规矩意识。在此基础上,提出了建设"最美灵山"的口号,启动了建设美丽乡村工作。

一

借助"三改一拆""五水共治"的东风,灵山村全面启动环境整治工作。

首先,拆除违章建筑和治理危旧民房。党员干部带头示范,主动拆除自家的违建房。以此为起点,推动全村的拆违工作。通过开展"一户多宅"、辅房整治、危房旧房治理、"无违建村"创建等多项专项行动,全村共拆除违章建筑五万余平方米,成功创建了全镇首个、全区首批"无违建村"。

其次,疏通水系,治理污水。灵山村三个自然村有大大小小八个池塘,一条河道。以前由于缺乏管理,池塘变成污水塘,河道被淤泥堵塞。村里在这次整治中投入了大量的人力物力,重点疏浚了村口的桃花河(古称桃花溪),改造了杨树池、洪山池,使村里内外水系又一次连成一片,变过去的污水河塘为生态河塘,重现昔日干净清洁的水系。为了保证水系洁净,全村铺设雨污管网,实现全村雨污管网连通,生活污水并网处理。为了加强对八个池塘和一条河道的日常管理,全村组建了八支红色护塘队,专门对河道池塘进行巡察和日常保洁。

再次,整顿村容,美化环境。猪鸭鸡全部入圈饲养,屋前屋后绿化点缀。从 2015 年起,每家屋前放置一黄一绿两个垃圾桶,对生活垃圾实行分类管理。为了减少生活垃圾,灵山村从 2009 年起,推出厨房垃圾(除家畜骨头外)全部粉碎排入污水管道的措施。为了打通村内交通循环,全村新建了两条村级公路,并打造了长一千五百米,种有桂花、香樟的入村景观带。

为了加强对全村环境的常态化管理,灵山村推出了三项行之有效的措施:一是党员联户制度。由一名党员联系五至六户村民,进行捆绑式管理。党员除了日常带头示范外,每个月搞卫生评比,确保生活垃圾不落地,及时分类清运。

二是统一建房标准。灵山村把规范村民建房作为一项重要工作来抓,明确规定,建新必须拆旧,建房必须实行"八个统一":统一设计图纸、统一两户连建、统一房屋高度、统一外墙色彩、统一花坛绿化、统一道地标高、统一小区围墙、统一外墙装饰。这"八个统一",既统一了全村的建房标准,也凝聚了全体村民的心。

三是首创兑换超市。村民的旧衣服、旧报纸、旧纸箱等物,都可以按照市场价格卖给村里的兑换超市,并换成积分,等积分攒到一定数量,可以兑换洗衣粉、油盐酱醋等日杂用品。此外,生活垃圾也可兑换成积分。灵山村每家每户门前的两个垃圾桶上都印有二维码,保洁员每天回收垃圾时,对每户家庭进行打分,有了相应积分,村民可以到超市兑换生活用品。

由于灵山村在整治环境时,注重建设长效机制,注意调动村民积极性,在短短的五六年时间里,全村的面貌发生了翻天覆地的变化。

二

深入发掘传统文化,努力提高村民素质。

灵山村虽然地处偏僻,交通闭塞,但文化底蕴十分深厚。

杭州市萧山区浦阳镇桃花源拟想图(浙江省建科建筑设计院有限公司制图)

　　这里聚居着东晋大诗人许询的后裔。许询不慕名利,清风朗月,乐善施舍,重情重义的秉性,使他的子孙在重视耕读的同时,也养成了正直、善良、儒雅、大气的性格。

　　这里是"孝"文化的传承地。灵山村一带一直流传着许多关于孝子的故事,如《孝子糕》《孝子船》《孝子唤娘》《孝子衣》等。被《宋书》《南史》单独立传,以孝顺仁厚著称的郭世道、郭原平父子,就出生在高洪尖山下。当地村民常以这些孝义故事教育后代,由于当地人重孝敬孝,所以,有"郭母峰下孝子多"一说。

　　这里还流传着一个凄凉而美丽的故事。相传后周显德六年(959)周世宗郭荣(柴荣)去世后,其七岁的儿子、梁王郭宗训即位。次年正月,赵匡胤发动陈桥兵变,灭后周立宋,降郭宗训为郑王,符太后(郭母娘娘)为周太后,移居西宫。不久,又迁郭宗训母子俩到房州。973年郭宗训去世,符太后亡夫亡国亡子,悲伤至极。她看破红尘,执意皈依佛门。太平兴国初,符太后带着两个丫鬟一路南行,来到佛国萧山县的高洪尖山下,发现这里峰峦叠翠,茂林修竹,湖泊纵横,景色极佳,便在一座破旧的香火院出家,号玉清仙师。符太后来到萧山这年当地正闹瘟疫,她就根据宫中带来的医书,带领两个丫鬟一起采药治病,竟治好了瘟疫。符太后看到当地没有郎中,村民生病无处就医,就热情地教村民采识草药,对症治病。相传以前灵山村一带有很多老人会采草药,看偏方,并免费给人治病,这些都是符太后传下来的美德。当地百姓对符太后感恩戴德,称她为"神医娘娘",为永世纪念,改高洪尖山为"郭母峰"。

中医许燮钦医方手稿

最使灵山村人引以为傲的是,这里被人们誉为桃花源的原型地。相传,早在隋唐时期,人们就发现这里的山水颇似陶渊明笔下的"桃花源",于是就有了桃源的称呼,官府专门在此设置桃源乡,桃源乡的乡址就设在山前许村的安家山上。

灵山村在发掘这些传统文化时,注意取其精华,去其糟粕。在修复千年古寺灵山寺和许氏宗祠的同时,每年为即将入学的儿童举行"启蒙典礼",通过正衣冠、行拜师礼、点砂启智、开笔破蒙、诵读《弟子规》等多项活动,让新生知礼明德,开蒙启智。每年举行"重阳敬老月"活动,创办"怡然居老年食堂",通过敬老爱老一系列活动,进一步弘扬孝道礼仪文化。在美丽乡村建设中,灵山村深挖"桃花源"文化,围绕"桃花源"的核心——"和谐"两字开展工作。无论是拆违治危、整顿村容,还是引进企业,大家都能较快地统一思想,齐心协力干事。"和谐"的氛围,使全村老少其乐融融,幸福无比。

在发掘弘扬传统文化的同时,灵山村还根据事业发展、村民需求,开创性地开展工作。

运用数字化思维,在全区率先推行"农村智慧平台"。通过互联网接入,Wi-Fi覆盖,村民在家中不仅可以点播高清电视,还可以通过农家特产、休闲农家、文化礼堂、美丽乡村、惠农信息、村务动态等栏目,实时了解村情村务,真正做到不出家门也知天下事。智慧平台不仅提高了村务管理工作效率,同时也成为灵山村的宣传平台。现在村民家里来客人,就直接播放村里的宣传片,让客人能够全面迅速地了解灵山村悠久的历史文化。

开展"走亲连心"活动,提升村民的整体文化素质。灵山村党支部和西泠印社党支部结对,合作共建"连心艺苑"。西泠印社每年组织专家到灵山村开展各种活动,进一步弘扬传统文化。邀请浙江音乐学院在灵山村设置"名师工作室""音教系师生暑期实习基地",在丰富村民文化生活的同时,提升村民的欣赏水平和乡村的文明程度。2018年春节前夕,灵山村在浙江音乐学院老师的指导下,举办了首届乡村春晚,这是破天荒的喜事。春晚较好地展示了灵山村人的文化素养,惊动了附近乡邻,吸引了四方来客。

修建山顶游步道,增添健身乐趣,陶冶村民情操。灵山村不满足于"打球有球场,跳舞有广场,演出有舞台"的文化设施,而是根据四周群山环抱、峰峦叠翠的实际情况,在游湖岭—西小山—龙船坞一带,修建了一条长达三公里的游步道,为村民健身提供了新的场所。如今不仅村里的年轻人喜欢爬山健身,呼吸新鲜空气,欣赏群山美景,而且城里人一到假日,也赶来健身,欣赏这里独有的风景。

三

蓝天白云,山清水秀,这是人们对宜居环境的美好向往。灵山村在美丽乡村建设中,把整治环境同保护生态相结合,努力打造生态宜居家园。

在山林保护方面,制定长远规划,落实监管措施。除建设山顶游步道外,规定四面山体不得任意开挖,山上树木不能随意砍伐。并在山脚下空旷地统一种上桃树、梨树等经济苗木,确保来年桃红柳绿,果实丰收。

在水系治理方面,清淤大小池塘,打造飞鸟渠,改造杨树池、洪山池、桃花溪、桃花河,使村里水系内外连成一体,再现山村也涌早晚潮的美景。

在土地使用方面，严格规划用地，杜绝"一户多宅"，逐步退耕还田。

在村景融合方面，积极引进水生植物博物园项目，使生态更有层次，村景更加融合。

与此同时，还利用闲置村级集体用房，引进生态环保的文创企业。先后有南宋官窑工作室、湘湖泥人、灵悉嘉舍三个文化产业项目落地建成。打造民宿"翠竹苑"，为外地游客来此寻幽探胜提供食宿。

经过不懈努力，如今的灵山村环境面貌大变样，社会风气大变样，百姓生活大变样，先后荣获全国乡村治理示范村、浙江省美丽乡村特色精品村、浙江省善治示范村、浙江省"一村万树"示范村、浙江省卫生村、浙江省3A级景区、杭州市清廉乡村示范点、杭州市卫生示范村、萧山区先进基层党组织、民宿文化村等荣誉称号。目前，灵山村正在全力推进实施共同富裕的各项举措。

现在灵山村一带虽然没有古时的幽静，生态环境也非昔日可比，但当人们一进入这个群山环抱的小山村，特别是站在杨树池边，望着金黄灿烂的油菜花、满山遍野的桃花、远处翠竹丛中袅袅升起的炊烟，都会不由自主地感叹：这不就是陶渊明描写的世外桃源吗？

下编　陶渊明考证

陶渊明从军考证

陶渊明二十九岁（393）出任江州祭酒，至四十一岁（405）自免职彭泽令，出仕时间前后相加有十三年。在这十三年中，他当过地方官，也在军中任过职。在做地方官时，初为州祭酒，归隐前又当过八十天的彭泽令。对于这一点，陶渊明自己也有记述，历来无人质疑。但对于在军中何处任职，有桓玄、刘裕、刘敬宣军幕任职说，有刘牢之、桓玄、刘敬宣军幕任职说，有刘牢之、桓玄、刘裕、刘敬宣军幕任职说，等等，众说纷纭，莫衷一是。他们的依据，往往是一首诗，或一篇文章。有的甚至采用猜测的方法，比如陶澍在考证陶渊明做过谁的镇军参军时，认为是前将军刘牢之，理由是这里的镇军是镇卫军的简称。梁启超虽然也认定是刘牢之，但他认为这里的"镇军或镇北之讹耳"，因刘牢之在隆安四年（400）十一月进号镇北将军。其实，史学研究最忌孤立、片面地看待史料。如果仅以一首诗、一篇文章为依据，往往会失之偏颇。更何况陶诗在上千年的流传过程中，由于各种原因所产生的异文异字比比皆是。本文正是从这一观点出发，在对陶渊明的生平传记、生活轨迹、诗文考证的同时，结合史书府志、人文古迹，以及专家学者的最新研究成果，试图通过全方位多渠道的考证，还原陶渊明的军旅生涯。

一、陶渊明做过镇北将军刘牢之的参军

1. 陶渊明任刘牢之参军的背景

纵观历史，每个朝代都有属于自己的精锐部队，东晋王朝的北府兵，就是一支战斗力十分强大的军队。太元二年（377），由于前秦一统北方，东晋王朝受到空前的军事压力，因此，朝廷诏求文武良将镇御北方。当时，朝廷重臣谢安命其侄子谢玄应举。朝廷就任命谢玄为建武将军、兖州刺史、领广陵相，都督江北诸军事，镇广陵。① 谢玄到广陵后，大量招募北来流民中的骁勇之士，组建了北府兵。"玄以牢之为参军，领精锐为前锋，百战百胜，号为'北府兵'，敌人畏之。"② 这些新招募的勇士，由于长期在北方跟异族斗争，凶狠彪悍，战斗力极强。太元四年（379），谢玄率北府兵击败前秦进攻。淝水之战中，谢玄在先遣部将刘牢之夜袭洛涧，首战告捷的同时，抓住战机，设计诱敌后撤，乘势猛攻，取得了淝水之战的巨大胜利。太元九年（384），北府兵乘胜开拓中原，先后收

① 房玄龄等：《晋书》，中华书局 1974 年版，第 2081 页。
② 房玄龄等：《晋书》，中华书局 1974 年版，第 2188 页。

复了河南、山东、陕西南部等地区。太元十二年（387），谢玄因病改任左将军、会稽内史。按照常理，此时北府兵应交由战功卓著的刘牢之统领，无奈刘牢之出身低微，晋孝武帝司马曜直接把北府兵交到自己的大舅王恭手上。可惜孝武帝死得太早，晋安帝司马德宗继位后，司马道子以皇叔的身份执掌朝政。司马道子跟王恭素来不和，左仆射、丹阳尹王国宝依附司马道子，专权擅政，力谏司马道子解除王恭兵权。王恭震怒而讨伐王国宝，司马道子为自保，只好将王国宝逮捕入狱，不久赐死。从此，司马道子和王恭的矛盾日渐加剧。隆安二年（398），王恭不听司马刘牢之再三劝谏，执意讨伐会稽王司马道子父子。司马元显得知消息后，派庐江太守高素游说刘牢之倒戈。刘牢之想，王恭身为晋朝的伯舅，会稽王司马道子是天子的叔父，又当权辅政，两人理应兢兢业业辅佐天子，王恭怎么可以多次起兵讨伐朝廷呢？于是，他答应了司马元显的请求，归顺朝廷。在进攻建康的途中叛变，捕杀王恭。王恭被杀后，朝廷任命刘牢之都督兖青冀幽并徐扬州晋陵诸军事，以代替王恭。刘牢之本是低级将领出身，一下子占据了重要位置，引起许多人不服。刘牢之重用心腹徐谦之，趁机招兵买马，加强自己的势力。客观地讲，此时的北府兵战功显赫，名扬四海。特别是刘牢之在抵御外敌，保护朝廷的斗争中，起到了至关重要的作用，一时间成为热血男儿崇拜的英雄。陶渊明正是在这样的背景下，进入北府兵军营,并担任刘牢之的参军。①

陶渊明起为刘牢之参军,有以下几个因素:

一是陶渊明的叔父陶夔与刘牢之有交情。晋孝武帝太元十九年(394),陶夔上任晋安郡太守前,同刘牢之一起在王恭手下共事,两人情款。② 这次陶渊明投奔刘牢之军幕,大概与陶夔推荐有关。

二是陶渊明出身名门,曾祖父陶侃和外祖父孟嘉的名望,足以让刘牢之敬仰。东晋是十分讲究门第出身的朝代,陶渊明的身世,也足以让刘牢之对他重视。

三是陶渊明当时已小有名气,一篇《闲情赋》在江州使他声名鹊起。再加上做过短暂的州祭酒,有从仕经历。

所有这一切,使陶渊明很自然地起为刘牢之参军。

2. 陶渊明《饮酒二十首·其十七》袒露了仕刘牢之的心声

清代方东树曾对陶渊明的《饮酒二十首·其十七》评价道:"此诗用意甚远,必为时事而发。然自古及今,圣贤所以

---

① 圣旦《陶渊明考》:"辛丑以前为庚子(400)、己亥(399),考之史传,这时靖节在刘牢之军幕。"(载《文艺月刊》1934 年第六卷第四期,108—114页)梁启超《陶渊明之文艺及其品格》:"渊明少年,母老家贫,想靠做官得点俸禄。当桓玄未篡位以前,曾做过刘牢之的参军,约摸三年,和刘裕是同僚。"

② 陶澍《靖节先生年谱考异》:"《太平御览》引《俗说》:'陶夔为王孝伯参军。'"

立身涉世之全量,不过如此。"①陶澍在《靖节先生年谱考异》中说"盖饮酒诗作于秋月",并确定时间晋元兴二年癸卯(403)秋冬之际。逯钦立《陶渊明事迹诗文系年》从此说。王瑶认为陶渊明的《饮酒二十首并序》作于晋安帝义熙十三年(417),其中有多首饮酒诗为追叙之作。如《饮酒二十首·其十六》"行行向不惑,淹留遂无成"和《饮酒二十首·其十九》"是时向立年"都是追叙语气,不是实际作诗的时间。由此可见,对陶渊明的《饮酒二十首并序》写作时间,历来存在争议。这里我们姑且不论《饮酒二十首并序》的具体写作时间,但据考证,如果把《饮酒二十首·其十七》所叙诗意,同陶渊明仕刘牢之之事和晋元兴二年前后刘牢之发生的事结合起来,全诗就颇为顺畅,也合情义。

> 幽兰生前庭,含薰待清风。
>
> 清风脱然至,见别萧艾中。
>
> 行行失故路,任道或能通。
>
> 觉悟当念还,鸟尽废良弓。
>
> ——《饮酒二十首·其十七》

我们先来看诗的前二联。"幽兰""清风""萧艾",这些都是具有象征性的词。这里陶渊明以"幽兰"自喻,以"清风"代

---

① 方东树:《昭昧詹言》,人民文学出版社1961年版,第116页。

指刘牢之,指"萧艾"为杂草,以衬托"幽兰"。我们知道,陶渊明少年时就怀有远大志向,"猛志逸四海,骞翮思远翥"(《杂诗十二首·其五》),只是一直没有找到合适的机会,施展自己的抱负,"日月掷人去,有志不获骋"(《杂诗十二首·其二》)。这正像生长在幽谷中的兰花一样,没有清风传递,人们就闻不到这种沁人心脾的清香,兰花也只好与杂草混为一起,默默无闻。如今"清风脱然至","幽兰"自然有机会被人们识别。这两联表达了陶渊明遇到刘牢之这个伯乐的喜悦心情,他准备在军旅大显身手。

"行行失故路,任道或能通。"这一联写陶渊明自己。"故路"指旧路,此处指仕途,刚刚踏上的军旅之路。"任道"指顺其自然。据考证,陶渊明在晋安帝隆安三年(399)初仕刘牢之,十二月随刘牢之赴会稽平叛。① 次年(400)春平叛得胜回京口,是年十一月,因孙恩攻占会稽,杀害卫将军谢琰,在浙晋军几乎全军覆没的情况下,又一次随镇北将军刘牢之到会稽平叛。隆安五年(401)四月,孙恩见北府兵主力都调到浙江、京口、广陵空虚,企图乘虚突破长江口,直插建康。刘牢之知道孙恩北上的消息后,命刘裕为先锋,率军追击,自己则带领大队人马日夜不停地赶回京口。

---

① 梁启超《陶渊明年谱》:"本年(399)十一月,海贼孙恩陷会稽,刘牢之率众东讨。时刘裕为牢之参军,立功最多。先生(陶渊明)之驰驱海隅,冲冒风波,盖在牢之军中也。"《绍兴市志·大事年表》:"是年(399),陶渊明从刘牢之来会稽讨孙恩。"

陶渊明这次随刘牢之到会稽平叛，马不停蹄，真正体会到军旅生涯的艰辛和凶险。他知道孙恩已率军北上直逼建康，接下来战场将更加凶险。但如果军队有个闪失，一家老少由谁来照顾？思来想去，他决定向刘牢之提出辞呈，打算改投到江州刺史桓玄的府上。陶渊明离开刘牢之军幕大约在隆安五年(401)四月。

陶渊明初仕刘牢之，满怀壮志，可不承想一路走来，战事不断，腥风血雨，疲于奔波。而在桓玄军幕刚求得安稳，母亲又去世，因此，他只好回家居丧。陶渊明居丧期间，刘牢之自缢身亡，桓玄篡位夺权。这使他感到，旧有的仕途路径已经完全堵死，故有"行行失故路"句。

最后一联"觉悟当念还，鸟尽废良弓"，是慨叹刘牢之的命运。晋安帝元兴元年(402)正月，朝廷下诏罪状桓玄，以司马元显任骠骑大将军、征讨大都督、都督十八州诸军事，以镇北将军刘牢之为前锋，下令发兵讨伐桓玄。刘牢之素恶元显，欲假玄以除执政，复伺玄之隙而自取之，故不肯讨玄。参军刘裕请讨玄，刘牢之不许。三月，刘牢之派儿子刘敬宣向桓玄请降。桓玄兵不血刃进入建康，杀司马元显，将司马道子流放安成郡，不久又将其杀害。桓玄成为都督中外诸军事、丞相、录尚书事、扬州牧、领徐荆江三州刺史。但刘牢之叛降后并没有为自己带来预期的结果，相反，被桓玄解除兵权。"元显既败，玄以牢之为征东将军、会稽太守，牢之乃叹曰：'始尔，便夺我兵，祸将至矣！'"①刘牢之已意识到祸患降临，想邀请刘裕举事，刘裕答道："将军以劲卒数万，望风降服。彼新得志，威震天下。三军人情，都已去矣，广陵岂可得至邪！裕当反服还京口耳。"②刘牢之召集众将商量讨伐桓玄，手下亦无人响应。"觉悟当念还"，但为时已晚，众叛亲离之下，刘牢之只好自缢而死。

桓玄为夺地盘，成就霸业，曾不择手段。隆安二年（398）十月，为对抗朝廷，桓玄与殷仲堪、杨佺期等结盟示好，并被推为盟主。隆安三年（399）十二月，为吞并荆楚之地，桓玄趁朝廷平叛孙恩，无暇顾及之际，袭杀了殷仲堪和杨佺期。刘牢之显赫的军功和声望，注定为桓玄所忌恨，只不过当时为了对付司马道子父子，加以利用罢了。如今对手已除，留下刘牢之也是祸害，所以，先夺兵权，再步步算计。刘牢之最后落得"鸟尽废良弓"的悲惨局面也是很自然的事情。

在《饮酒二十首·其十七》中，我们可以看出陶渊明为仕刘牢之而感到自豪欣喜。同时，也感受到他为刘牢之的命运而感慨不已。所以说，《饮酒二十首·其十七》是陶渊明出仕刘牢之的重要诗证。③

---

① 房玄龄等：《晋书》，中华书局1974年版，第2191页。

② 沈约：《宋书》，中华书局1974年版，第4页。

③ 参见李治中：《陶渊明〈饮酒·十七〉释疑》，《九江学院学报》2008年第4期，第5—7页。

3. 会稽留有纪念陶渊明的大量遗迹

隆安三年(399)十二月,陶渊明随刘牢之到会稽讨伐孙恩。对于这件事,《绍兴市志·大事年表》曾清楚记载:"是年,陶渊明从刘牢之来会稽讨孙恩。"①

立碑纪念陶渊明

隆安四年(400)十一月,陶渊明随刘牢之第二次到会稽平叛,在齐贤羊山大败孙恩。后乡人为纪念陶渊明,在当年北府兵扎营地植柳结庐。乾隆年间,浙江学政于敏中游历会稽时,听闻陶渊明的传说,亲临刑浦、墙汇头等地考证,定墙汇头为"渊明故里",立碑纪念,并命名该地域为"陶里"。乡人为了纪念陶渊明,又在石碑附近新建一座石拱桥,取名渊明桥。"文革"时期,石碑被敲成两截,现残碑"明故里"存于齐贤羊山公园,"渊"字部分不知去向。渊明桥也因拓宽河道,于20世纪80年代改建为一座钢筋混凝土桥,并更名为朝阳桥。

命名"菊山"纪念陶渊明

在唐朝,萧山湘湖东面有一座小山,每到深秋,满山遍野绽放洁白、金黄的菊花,远亲近邻虽不明缘由,但每当季节来临,都会上山赏菊采菊,并逐渐成为习俗。此事惊动了县令李萼,一日,李萼带县尉丘丹亲自到实地考察,才得知东晋

---

① 绍兴市地方志编纂委员会:《绍兴市志》,浙江人民出版社1996年版,第29页。

时,陶渊明随刘牢之到会稽平叛,曾两次在此驻军。后来当地百姓为了纪念陶渊明,在山上种植菊花,天长日久,菊花满山,逐渐成为湘湖一景。李蓻有感于陶渊明的事迹和百姓的真情,当即命名此山为菊山。[①] 此后,菊山名气更大,明代诗人张山有"菊花晚色陶潜业,湖岸春风贺监船"之咏。现菊山仍在。

除此之外,陶澍、梁启超、圣旦等先贤在考证陶渊明从军问题时,都有陶渊明从刘牢之军幕的论述。

综上所述,陶渊明在隆安三年(399)至隆安五年(401)初仕刘牢之参军之事,应确实无疑。

二、陶渊明做过荆州刺史桓玄的参军

对陶渊明有否做过桓玄参军,历史上几乎没有什么争议,这主要是陶渊明《辛丑岁七月赴假还江陵夜行涂口》这首诗,记述得十分清楚。辛丑岁是晋安帝隆安五年(401),是年,陶渊明三十七岁。

隆安四年(400)初,桓玄在消灭了殷仲堪、杨佺期后,向朝廷求领江、荆二州刺史。"于是遂平荆雍,乃表求领江、荆二州。诏以玄都督荆司雍秦梁益宁七州、后将军、荆州刺史、假节,以桓修为江州刺史。玄上疏固争江州,于是进督八州

---

① 施宿等:《(嘉泰)会稽志》,安徽文艺出版社2012年版,第168页。

及扬豫八郡,复领江州刺史。"①桓玄任荆州、江州刺史的时间是隆安四年(400)三月,陶渊明投奔桓玄的时间,是在桓玄任荆州、江州刺史的次年,即隆安五年(401)的五月。

陶渊明之所以投奔桓玄:一是为了规避战场风险,到家乡江州做官,便于照顾家人。二是桓家与陶家有一定渊源。陶渊明外公孟嘉做过桓温长史,两人关系融洽。陶侃当过荆州刺史,在荆州地区有很大影响力。如今桓玄是荆州地区的豪族,投靠桓玄有可能走上政治舞台,实现自己的抱负。三是桓玄本人博综艺术,善于属文。且注重招揽各方人才,同这样的人打交道,不会太累。

而桓玄能欣然接纳陶渊明的理由,不外乎陶渊明任过刘牢之参军,对前线战事比较清楚,对刘牢之的将领比较了解,这些正好日后为自己所用。另外,陶渊明是名门之后,陶侃和孟嘉名气很大,路人皆知。名人的后代来投靠自己,更有利于凝聚人心,招兵买马。再则,陶渊明在江州一带小有名气,与其共事,生活不会枯燥乏味。所以,马上任命陶渊明为参军。

陶渊明上任的第一件事,就是向桓玄请假看望母亲和妻儿。

闲居三十载,遂与尘事冥。

诗书敦宿好,林园无世情。

---

① 房玄龄等:《晋书》,中华书局 1974 年版,第 2589 页。

> 如何舍此去，遥遥至南荆。
>
> 叩枻新秋月，临流别友生。
>
> 凉风起将夕，夜景湛虚明。
>
> 昭昭天宇阔，晶晶川上平。
>
> 怀役不遑寐，中宵尚孤征。
>
> 商歌非吾事，依依在耦耕。
>
> 投冠旋旧墟，不为好爵萦。
>
> 养真衡茅下，庶以善自名。

这首《辛丑岁七月赴假还江陵夜行涂口》，就是陶渊明假满返江陵赴职途中所作。

隆安五年(401)冬，陶渊明母亲不幸去世，陶渊明就离开了桓玄军幕，回家居丧。所以说，陶渊明虽在桓玄军幕任过职，但时间不长，总共只有半年左右时间。

三、陶渊明做过镇军将军刘裕的参军

陶渊明《始作镇军参军经曲阿作》这首诗的标题，为我们提供了两条信息：一是陶渊明曾做过镇军将军的参军；二是陶渊明从家乡寻阳到镇军将军的驻地，要经过曲阿(今江苏丹阳市)。曲阿位于京口(今江苏镇江市)以南，距京口近四十公里。同时，该诗题也为我们留下了一个谜底：镇军将军是谁？要解开这个谜，我们不妨先从东晋的镇军将军入手。

1. 东晋有哪些镇军将军？

查找史料，我们发现对两晋时期镇军将军的考证，以秦锡圭的《补晋执政表》较为细致、准确。因此，笔者以《补晋执政表》为基准，同时，参考《晋书》《宋书》《资治通鉴》《建康实录》和《东晋方镇年表》等史籍。据不完全统计，东晋时与陶渊明同时期的镇军将军有十一位，详见下表：

十一位镇军将军名单

姓名（生卒年）	出处与职务				
	秦锡圭《补晋执政表》	吴廷燮《东晋方镇年表》	房玄龄等《晋书》	许嵩《建康实录》	沈约《宋书》
范汪（308—372）		升平五年（361）镇军将军兖州刺史	卷八《孝宗穆帝纪》		
王彪之（305—377）	隆和元年（362）镇军将军	升平二年（358）镇军将军会稽内史	卷七十六《王彪之传》		
司马晞（316—381）	咸康六年（340）镇军将军		卷六十四《武陵威王晞传》		
郗愔（313—384）		太和六年（371）镇军将军会稽内史	卷六十七《郗愔传》		

续　表

姓名 （生卒年）	出处与职务				
	秦锡圭 《补晋 执政表》	吴廷燮 《东晋 方镇年表》	房玄龄等 《晋书》	许嵩 《建康实录》	沈约 《宋书》
王蕴 （329—384）	太元四年 （379） 镇军将军	太元五年 （380） 镇军将军 会稽内史	卷九十三 《王蕴传》	卷九 《王蕴传》	
司马奕 （342—386）	永和八年 （352） 镇军将军		卷八《废帝 海西公纪》		
王荟 （生卒年 不详）	太元元年 （376） 镇军将军	太元十年 （385） 镇军将军 会稽内史	卷六十五 《王荟传》		
卞范之 （？—404）				卷十一 《高祖 武皇帝》	
刘裕 （363—422）	元兴二年 （403） 镇军将军		卷十 《安帝纪》	卷十一 《高祖 武皇帝》	卷一 《武帝纪》
徐羡之 （364—426）					卷四十三 《徐羡之传》
王弘 （379—432）	义熙十四年 （418） 镇军将军				

到陶渊明从军时（399），这十一位镇军将军中在世的只

有卞范之、刘裕、王弘和徐羡之四人。

卞范之，字敬祖，济阴宛句人，识悟聪敏。桓玄年轻时就与之交好，桓玄任江州刺史时，卞范之为长史，桓玄密谋策划，无不由卞范之决断。后桓玄准备篡位谋反，以卞范之为丹扬尹。"玄将篡位，范之为侍中，其禅诏、文皆范之辞也。"① 元兴二年(403)"冬十二月，桓玄篡位，司徒王谧为丹扬尹，卞范之为镇军将军，谢混为侍中，迁天子于寻阳"②。从这段史料记载中，我们可以得知，卞范之任镇军将军时间是元兴二年十二月。次年二月，刘裕起兵讨伐。三月，桓玄"策马石头城，轻舟南逸"。与桓玄一起渡江南逃的有殷仲文、卞范之等亲信。五月，桓玄被益州督护冯迁杀死，卞范之也被斩于江陵。"玄平，斩于江陵。"③卞范之任镇军将军的时间前后相加不到半年，且任职地点不是在京城，就是在随桓玄西逃的路上。很明显，陶渊明不可能任他的参军。

王弘，字休元，琅邪临沂人，东晋丞相王导曾孙，中领军王洽之孙，司徒王珣长子。根据秦锡圭的《补晋执政表》记载，王弘于义熙十四年(418)进号镇军将军，而陶渊明于义熙元年已自免彭泽令归隐。另外，陶渊明和王弘虽然最后成为好友，但在义熙十四年王弘初任江州刺史时，两人并不认识，"江州刺史王弘欲识之，不能致也。潜尝往庐山，弘会潜故人

① 许嵩：《建康实录》，中华书局 1986 年版，第 324 页。
② 许嵩：《建康实录》，中华书局 1986 年版，第 363 页。
③ 许嵩：《建康实录》，中华书局 1986 年版，第 324 页。

庞通之赍酒具,于半道栗里要之"①。所以,要说陶渊明做过王弘镇军的参军,不成立。

徐羡之,字宗文,东海郯人。徐羡之"与高祖同府,深相亲结。义旗建,高祖版为镇军参军"。义熙十四年(418),高祖践阼,思佐命之功,徐羡之和一大批功臣一样,进官封爵,徐羡之"进号镇军将军,加散骑常侍"②。而此时陶渊明已隐居十四年,说陶渊明做过他的镇军参军,也不成立。

刘裕,字德舆,小名寄奴。彭城县绥舆里人。原为刘牢之参军,是北府兵的重要将领。元兴元年(402)刘牢之自缢身亡后,刘裕实际上已成为北府兵的指挥。元兴三年二月,刘裕率刘毅、何无忌等将领从京口起兵,讨伐桓玄。三月入建康,进号镇军将军。③ 陶渊明元兴三年初居丧期满,出任镇军参军正好是在这段时间。理由有三:其一,陶渊明在刘牢之军幕时,与刘裕是同事,两人相互了解有情款。且此次刘裕举义兵,是反对篡位夺权的桓玄,维护晋朝利益,这符合陶渊明的意志。其二,元兴三年三月,刘裕率部攻入建康后数日,"还镇东府"("东府"即京口)④,这正好符合陶渊明到京口

---

① 沈约:《宋书》,中华书局 1974 年版,第 2288 页。
② 沈约:《宋书》,中华书局 1974 年版,第 1330 页。
③ 房玄龄等:《晋书》,中华书局 1974 年版,第 256 页。
④ 司马光:《资治通鉴》,中华书局 2007 年版,第 1358 页。京口原是南兖州军府所在地,后来南兖州军府移至广陵(今江苏扬州)。广陵在建康以北,故称"北府",而京口在建康以东,故称"东府"。京口原为尚书司马道子府第,故又称尚书府。

的时间。其三,陶渊明自家乡寻阳到京口,可以走定陵(今铜陵)—南陵—宣城—郎溪—平陵(今溧阳)—曲阿—京口的古道,走此古道比走长江水路方便。走此古道,陶渊明正好经过曲阿。陶渊明《乙巳岁三月为建威参军使都经钱溪》,从寻阳到建康,前半段路程也是走此古道,其中,钱溪在今安徽省池州市贵池区梅根港。

从上述四位镇军将军的情况看,我们初步可以断定,陶渊明诗题指的镇军是刘裕。

2.关于"镇军"的争论

历史上关于谁是"镇军",曾有过不同的意见。陶澍《靖节先生年谱考异》认为是刘牢之,他说:"考《晋书·百官志》,有左右前后军将军,左右前后四军为镇卫军。王恭、刘牢之皆为前将军、正镇卫军,即省文曰'镇军',亦奚不可。"古直在《陶靖节年谱》中从其说。梁启超在《陶渊明年谱》中说:"考是时牢之军号,为镇北将军,镇军或镇北之讹耳。"朱自清驳斥了陶澍的说法,他说,陶澍根据《宋书·武帝纪》说己亥(399)牢之为前将军讨孙恩。但据《晋书·安帝纪》记载,这年牢之是辅国将军,次年始以前将军为镇北将军。朱自清认为这首诗题中的"镇军"肯定是刘裕。查《晋书·刘牢之传》:"及孙恩攻陷会稽,牢之遣将桓宝率师救三吴,复遣子敬宣为宝后继。比至曲阿,吴郡内史桓谦已弃郡走,牢之乃率众东讨,拜表辄行。至吴,与卫将军谢琰击贼,屡胜,杀伤甚众,经临浙江。进拜前将军,都督吴郡诸军事。时谢琰屯乌程,遣司马高素助牢之。牢之率众军济浙江,恩惧,逃于海。牢之还镇,恩复入会稽,害谢琰。牢之进号镇北将军、都督会稽五郡,率众东征,屯上虞,分军戍诸县。"结合《资治通鉴》《宋书·武帝纪》《晋书·安帝纪》等史料,我们可以清楚地知道,隆安三年(399)十一月,辅国将军刘牢之率部讨伐孙恩,拜表辄行。十二月,朝廷下诏进拜刘牢之为前将军、都督吴郡诸军事。戊申日(二十六日),刘牢之率部渡过钱塘江,平叛后,朝廷忧恩复至,以谢琰为会稽太守、都督五郡军事,牢之还镇。隆安四年十一月,朝廷下诏刘牢之进号镇北将军、都督会稽五郡军事,率众东征。显然,《宋书·武帝纪》记载己亥牢之为前将军是对的。《晋书·安帝纪》记载己亥牢之为辅国将军,次年始以前将军为镇北将军有误。但不管刘牢之是己亥为前将军,还是次年为前将军,陶澍和梁启超认定刘牢之为镇军的依据,都是猜测在"简称"或"讹称"的基础上,作为证据难以成立。

我们再来看一下诗题,不管镇军将军是刘牢之还是刘裕,有一点是成立的,即他们俩都镇守过京口,只是时间不同罢了。考镇守京口者,王恭被害后,隆安二年(398)九月至元兴元年(402)三月为刘牢之,元兴元年三月后为刘裕。陶渊明从家乡寻阳到京口,能经过曲阿。但从"始作"二字解读,刘牢之和刘裕两人就有明显差异。梁启超在《陶渊明年谱》对"始作"解释为"正谓始仕耳",即刚开始入仕。如果这一解释成立的话,按本案陶渊明 399 年初入刘牢之军幕,诗题应为"始作辅国将军参军"。显然,这里的"始作"是开始任镇军参军的意思,不能解释为开始入仕。

综上所述,我们可以肯定,陶渊明诗题中的镇军是指刘裕,陶渊明做过镇军将军刘裕的参军无疑。

四、陶渊明做过建威将军刘敬宣的参军

陶渊明在《乙巳岁三月为建威参军使都经钱溪》诗中明确,义熙元年(405)三月,他为建威将军使都。那么,这位建威将军是谁呢? 历史上对此也有不同看法。宋人吴仁杰《陶靖节先生年谱》云:"(元兴三年)是年怀肃以建威将军为江州刺史,先生实参建威将军。"清吴瞻泰《陶诗汇注》云:"考《宋书·怀肃传》,其年为辅国将军,无建威之说。……实安帝元兴三年甲辰,则公为敬宣建威参军,未知可也,年谱失考。"此后两说并存,莫衷一是。

查阅史料,刘怀肃任建威将军见《晋书·桓玄传》:"玄故将刘统、冯稚等聚党四百人,袭破寻阳城。毅遣建威将军刘怀肃讨平之。"《资治通鉴》记此事于安帝元兴三年(404)五月。又《资治通鉴》记义熙元年(405)三月,"建威将军刘怀肃自云杜引兵驰赴,与振战于沙桥"。《宋书·刘怀肃传》记刘怀肃为辅国将军,无建威将军之说。《晋书》校注:"疑《怀肃传》失书,或辅国即建威之讹。"可见,历史上对刘怀肃是否任过建威将军记载不一,存疑。

　　刘敬宣任建威将军、江州刺史见《晋书·刘敬宣传》："与诸葛长民破桓歆于芍陂,迁建威将军、江州刺史,镇寻阳。"《宋书·刘敬宣传》："桓歆率氐贼杨秋寇历阳,敬宣与建威将军诸葛长民大破之,歆单骑走渡淮,斩杨秋于练固而还。迁建威将军、江州刺史。"《资治通鉴》记安帝元兴三年(404)四月,"刘裕以诸葛长民都督淮北诸军事,镇山阳;以刘敬宣为江州刺史"。吴廷燮《东晋方镇年表》记刘敬宣于元兴三年至义熙二年(406)任江州刺史。

　　这里,我们暂且不论谁是陶渊明说的建威将军,先来看一下刘敬宣和刘怀肃在义熙元年(405)前后的活动轨迹。

　　刘敬宣,彭城人,刘牢之长子。刘牢之自杀身亡后,刘敬宣与高雅之、司马休之投奔南燕,图谋推翻南燕皇帝慕容德,改立东晋宗室司马休之,以复兴晋室。元兴三年(404)三月,预谋败露,高雅之被杀。其时,正逢桓玄失败,于是刘敬宣、司马休之归附刘裕。刘裕任命刘敬宣为辅国将军、晋陵太守。四月初,桓玄侄子桓歆带领氐人统帅杨秋入侵历阳(今安徽和县),刘敬宣与诸葛长民讨伐,斩杀杨秋,桓歆渡过淮水逃跑。刘敬宣迁任建威将军、江州刺史。刘敬宣在江州根据刘裕的要求修造船只,征集军粮及其他军用物资,务求储备丰盈。十月,西征荆州的刘毅和何无忌兵败撤退寻阳,正是由于刘敬宣才得以迅速恢复元气。同月,桓玄的侄子桓亮自称江州刺史,攻占豫章,又遣符宏攻占庐陵,刘敬宣率部打败了他们。

　　刘敬宣在荆州未定时获授江州刺史,起初他就以无功劳,不应在刘毅、何无忌等受封赏之前受职而推辞,但刘裕坚持。刘毅收复江陵后,果然派人告诉刘裕:"刘敬宣没有参加当初的起义行动,让他担任晋陵太守,已经是很优渥了。不久又任命他为江州刺史,令人惊骇惋惜。"刘敬宣听说后十分不安,于义熙元年(405)三月,自己奏表解去职务。不久,诏令刘敬宣解职江州刺史,调任宣城内史。

　　刘怀肃,彭城人,刘裕的姨表兄。始起刘敬宣的宁朔府司马,晋安帝元兴三年(404)刘裕起义兵后,刘怀肃投奔刘裕。京城平定后,任振武将军刘道规(刘裕异母弟)司马。同年四月,随刘道规追击桓玄至湓口(今九江市东)的桑落洲,大败桓玄。桓玄退回荆州后,修造楼船二百余艘,领水军二万余人,挟持皇帝自江陵东下。五月癸酉日(5月17日),在今黄冈境内的双柳镇附近的峥嵘洲,与刘毅、何无忌、刘道规、刘怀肃率领的水师相遇。义军虽然人数船只寡少,但在刘道规的鼓动下,又打败了桓玄。

　　桓玄死后,他的侄子桓振在杨林大败起义军,起义军退守寻阳。刘怀肃和江夏相张畅之进攻西塞山,打败了何澹之。

　　十月,桓振遣伪镇东将军冯该戍守夏口的东岸,扬武将军孟山图据守鲁山城,辅国将军桓仙客防守偃月垒,水陆联营相守,刘毅、何无忌、刘道规和刘怀肃亲自披坚执锐,分工攻打,除冯该逃往石城,孟山图和桓仙客分别被擒。十二月,刘毅、刘道规和刘怀肃进兵攻下巴陵。

义熙元年(405)正月,刘道规派刘怀肃平定石城,斩冯该及其子冯山靖。

三月,桓振再次袭击江陵,荆州刺史司马休之出逃,建威将军刘怀肃从云杜(今湖北京山市)日夜兼程救援,经过七天时间赶到,并和桓振交战于沙桥,在额头中箭的情况下,奋勇杀敌,最后,杀死了桓振,收回了江陵。

桓玄余党伪辅国将军符嗣、马孙、伪龙骧将军金符青、乐志等屯据江夏。十一月,荆州刺史刘道规命刘怀肃讨伐,杀掉了乐志。刘道规任命刘怀肃督江夏九郡,暂时镇守夏口。

义熙二年(406)刘怀肃兼任刘毅抚军司马。是年冬天,桓石绥、司马国璠、陈袭在胡桃山聚兵侵略,刘怀肃率步骑兵打败了敌人。后因自行出兵讨伐江淮间蛮人和桓氏余党,违背了刘毅的意志,被刘毅免去官职。义熙三年(407)去世,终年四十一岁。

从刘敬宣和刘怀肃的上述经历中,我们可以看到他俩几乎整日厮杀沙场,战功卓著,这也是他俩最大的共同点。其不同点是:

第一,两人官职不同。刘敬宣自元兴三年(404)四月起,至义熙元年(405)三月止,一直任建威将军、江州刺史,成为镇守一方的将领。而刘怀肃自投奔刘裕后,一直任振武将军刘道规的司马(义熙二年又兼任刘毅抚军司马)。刘道规初任刺史是义熙元年(405)三月,时为辅国将军、督领淮北诸军事、并州刺史。九月,为都督荆宁等六州诸军事、荆州刺史。值得注意的是,刘怀肃任的司马,并非三公三司(司徒、司马、司空)中的司马,而是诸公及将军开府者府僚司马,位次将军,仅掌握本府军事。显然,刘怀肃和刘敬宣的职位不可同日而语。按《晋书·职官志》:"诸公及开府位从公为持节都督,增参军为六人。长史、司马、从事中郎、主簿、记室督、祭酒、掾属、舍人如常加兵公制。"即刺史可设参军六人,而刺史门下的司马,则不配参军。由此可见,陶渊明是不可能任刘怀肃参军的。

第二,赴京路径不同。陶渊明是义熙元年(405)三月为建威将军使都,假设刘敬宣和刘道规二位刺史都派员进京,那么,他们的行进路线也不一样。刘敬宣自元兴三年(404)四月任建威将军、江州刺史后,一直镇守寻阳。上京城建康,沿长江边古道经钱溪(今安徽贵池梅根港)是很自然的事。而刘道规义熙元年三月任并州(今太原市)刺史,派员进京,必定走近路:开封—商丘—淮南—建康,无须绕道到安徽南部。另外,陶渊明当初投奔建威将军的目的之一,是离家乡寻阳近,便于照顾家人。其他路途遥远的地方,他根本不可能应辟。

第三,使都目的不同。前面讲到,刘敬宣任江州刺史为刘毅所忌,甚是不安。义熙元年(405)三月安帝反正,遂奏表解职。此时,派参军送解职表,是很正常的事。而刘道规、刘怀肃此时战事正紧,纵横战场,没有派员进京的理由。实在要找的话，也只能说是奉贺安帝复位，但这也未免太过牵强附会。

所以，陶渊明讲的建威将军必定是刘敬宣。

从上述陶渊明从军经历，我们大致可以看出：隆安三年（399）初至隆安五年四月，陶渊明任刘牢之参军；隆安五年五月至是年冬，陶渊明任桓玄参军；元兴三年（404）四五月间，任刘裕参军；元兴三年六月至义熙元年（405）三月任刘敬宣参军。

陶渊明游学考证

游学是指古代文人为了学习和修养,离开家乡,游历各地,探求学问,以获取更多知识的活动。游学一词最早出现在《史记·春申君传》:"游学博闻。"游学活动始于先秦,盛于汉代。那么,陶渊明是否有过游学经历?查阅先贤时人对陶渊明的研究文章,鲜有论述。本文试图结合陶渊明的生平足迹和诗文,以及史书传记,对这一问题做一探讨,并就教于各位专家读者。

一、陶渊明二十岁开始游学

探讨陶渊明的游学经历,我们可以从《宋书·陶潜传》《南史·陶潜传》入手。沈约《宋书·陶潜传》和李延寿《南史·陶潜传》记述:"潜弱年薄宦,不洁去就之迹。"对照陶诗"弱年逢家乏,老至更长饥""弱冠逢世阻,始室丧其偏",这里的"弱年",即"弱冠"之年。《礼记·曲礼上》:"二十曰弱,冠。"古代男子二十岁行冠礼,此处应该指陶渊明年满二十岁。"薄宦",指卑微的官职,亦指短暂的仕宦经历。逯钦立

注："薄宦，作下史。"袁行霈认为"潜弱年薄宦"之句，是指陶渊明自弱冠开始游宦，以谋生路。我们知道，陶渊明二十九岁才出仕，这在其诗作《饮酒二十首·其十九》中叙述得十分清楚，"投耒去学仕……是时向立年"，而官职"起为州祭酒"（萧统《陶渊明传》）。在这之前未见陶渊明有做过任何小官的记录，而朝廷和州郡也不可能在陶渊明二十岁时给他封个官职，命其游历。所以，这里把"薄宦"简单地理解为游宦，其法理不通。本人认为此处解释为陶渊明在游学期间，曾经在某地当过短暂的儒官（比如开过《孟子》的讲座等）为妥。其理由有二：

一是陶渊明的外公孟嘉是孟子的二十一代孙，儒学功底深厚，陶渊明深受其影响。孟子是战国时期著名的思想家、教育家和政治家，是儒家思想的代表人物之一，著有《孟子》一书。孟嘉生长在这样的家族环境中，从小接受儒家思想的教育是很自然的事，而且儒学功底深厚。这一点我们可以从他被庾亮选拔为劝学从事和儒官可以看出。"旬有余日，更版为劝学从事。时亮崇修学校，高选儒官，以君望实，故应尚德之举。"（陶渊明《晋故征西大将军长史孟府君传》）陶渊明的母亲是孟嘉的第四个女儿，从小受到儒家思想的熏陶，陶渊明在母亲孟氏的教育培养下，从小精读儒家著作，崇尚儒家思想，也是很自然的事。正像他自述的那样，"少年罕人事，游好在六经"。

二是崇儒兴学的江州，对陶渊明成长影响很大。早在西晋，高平昌邑（今山东巨野南）人虞溥任鄱阳内史时，在郡"大修庠序，广招学徒"，来郡求学者达七百余人，而他本人著有

《春秋经传注》《江表传》等著作,于是当地崇儒之风大行。东晋时,陈留(今河南开封)范宣和南阳顺阳(今河南淅川县)范宁先后在江州大兴学校,传授儒学,为当地培养了不少儒学之士,谯国戴逵等人极为敬仰,远道而来投拜至范宣门下。上述家族传教,州风熏陶,使陶渊明不仅从小饱读儒家经典,而且深得儒家思想的真传。在这种情况下,当他走上游学之路,来到崇儒好学的吴郡、会稽郡大地,很自然地就被奉为嘉宾,聘为儒官。

二、陶渊明游学到过会稽郡

古代文人游学是根据其游学目的而确定其路线的。孔子为了宣扬自己的学说,周游列国。在游学中,他不断深化对人生、社会、伦理道德等的认识。玄奘为求得真经,跨越千山万水,历经艰险到达印度,最终取得真经。徐霞客为了探询名山大川奥秘,绘就天下名山胜水通志,几乎跑遍了祖国的山河,最终写成了一部地理学名著——《徐霞客游记》。陶渊明游学的目的主要是增长知识,结交名人。所以,他游学的地方,自然是政治经济文化中心,名人名士集聚地。而东晋的政治中心在建康,经济文化中心在会稽郡。所以,上述地方自然成为他游学的主要目的地。这一点我们可以从他的《饮酒二十首·其十》窥见:"在昔曾远游,直至东海隅。道路迥且长,风波阻中涂。此行谁使然?似为饥所驱。倾身营一饱,少许便有余。恐此非名计,息驾归闲居。"过去学者在解读此诗时,几乎都认为是陶渊明追述行役之事,不同的只是追述哪次行役而已。比如：刘履《选诗补注》认为："渊明于晋安帝元兴三年（404）甲辰，为镇军将军刘裕参军，经曲阿赴丹徒。'在昔'二句似追述其事。"王瑶从刘说。陶澍认为是陶渊明追述任刘牢之参军之事。"刘牢之讨孙恩，济浙江，恩惧逃于海。后，恩浮海奄至京口。牢之在山阴，率大众还。恩走郁州，今海州之云台山即郁州，乃朐县地。先生参牢之军事，盖尝从讨恩至东海，故追述之也。"①逯钦立则认为是"指阻风于规林等事"。其实"在昔"二句非指陶渊明行役之事，是指游学之事。下面我们来具体分析一下：

第一，如果指行役之事，"远游"一词措辞不当。我们知道，陶渊明的诗文虽然语言直白质朴，平淡自然，但用字极为精准。有"不见斧凿之痕"，"切于事情"的效果。如指行役之事，为什么要用"远游"来表述？"远游"一词明显带有一种闲情逸致，自由放达的感情色彩。而行役是一件极其严肃残酷的事情，正像他写的"自古叹行役，我今始知之"。如指行役，他应该用"行役""羁役"此类文字表达更为妥切。

第二，陶渊明随刘牢之征战郁州之说，与事实不符。陶澍认为其事是指陶渊明随刘牢之征战郁州（江苏连云港云台山一带）。据《资治通鉴》记载，隆安五年（401）六月，孙恩虽败于丹徒，但自恃其众，准备整兵攻打京城。后得知谯王尚

---

① 陶渊明：《陶渊明全集》，陶澍集注，龚斌点校，上海古籍出版社2015年版，第77—78页。

之率精锐在建康,刘牢之又率兵复还,才放弃进攻,遂浮海北走郁州。朝廷闻讯,派下邳太守刘裕征讨孙恩于郁州,几经战斗,孙恩败走,又一次逃入海中。^① 从上述史料记载中我们可以看出,征讨孙恩于郁州的是刘裕,不是刘牢之。而同样是参军,陶渊明是不可能随刘裕出征讨伐的。最关键的一点是,我们从陶渊明《辛丑岁七月赴假还江陵夜行涂口》的内容看,其时,陶渊明已在桓玄军幕,并且假满正从家乡返江陵赴职的途中。所以,陶渊明随刘牢之征战郁州之说,根本不能成立。而刘履、王瑶和逯钦立的行役之说,更是在时间地点等方面与事实难以契合。

第三,把"东海隅"当作东海郡解读有误。据史料记载,东海郡最早设置于秦始皇三十五年(前212),其核心区域在今连云港海州区,古称朐县。经秦汉、三国、西晋时序变化,东海郡虽然名称与东海国有多次反复,郡治所在地也有变迁,但东海郡的名称一直记于史册。永嘉之乱后,东海郡没于后赵。晋元帝司马睿收复淮北后,又复置东海郡。据《晋书·地理志下》记载:"元帝渡江之后,徐州所得惟半,乃侨置淮阳、阳平、济阴、北济阴四郡……是时,幽、冀、青、并、兖五州及徐州之淮北流人相帅过江淮,帝并侨立郡县以司牧之。割吴郡之海虞北境,立郯、朐、利城、祝其、厚丘、西隰、襄贲七县,寄居

---

① 司马光:《资治通鉴·晋纪三十四》,中华书局2007年版,第1339—1341页。

曲阿。"曲阿为当时东海郡治所。曲阿即今江苏省丹阳市,在南京以东,镇江(京口)以南,常州以西,距南京约九十公里,距南通水路一百七十公里,可以说是东晋的腹地。可是这样一块远离长江口的地方,却被刘履、王瑶等人说成是"东海隅",实在难以使人信服。还有学者说,曲阿位于长江南岸,北对广陵,亦近海。只是沧海桑田,长江入海口东移而已。殊不知,在一千六百年前,常熟①、南通②这些离曲阿一百七十公里的市县,都已经是历史久远的陆地郡县,只不过当时的长江入海口宽广一些而已。所以,袁行霈说,曲阿"皆不得谓东海郡之'隅'也。如曰东海郡位于偏隅之地,亦不然。东海郡地最近京都,何得曰'隅'?"他认为,"'东海隅',系指东海郡内偏远近海之地,今苏北沿海一带"③。袁行霈谓曲阿不是"东海隅"是有道理的,但把苏北沿海一带说成陶渊明笔下的"东海隅",又值得商榷。前面我们已经分析过,陶渊明行役根本没有到过郁州沿海一带。游学的话,他也不可能到东海郡内偏远的近海之地。因为在陶渊明所处的时代,东海郡近海县邑,荒凉无比,人才匮乏,名士稀缺,实在没有理由吸引他去游学。所以,这里的"东海隅"肯定是指会稽郡近海之地。

---

① 常熟古称琴川、海虞等,简称虞。西汉时属会稽郡吴县,设虞乡。西晋太康四年(283),设虞乡为海虞县。

② 汉元狩六年(前116)置临淮郡,管辖海陵等二十九县。今日南通市部分地域就是海陵县辖地。

③ 袁行霈:《陶渊明集笺注》,中华书局2018年版,第255页。

三、陶渊明游学时长两年

陶渊明八岁时父亲去世，从此家道衰落。虽然家乡还有几处田园，但由于家庭贫困，除农忙时间之外已雇不起佃客。陶渊明母亲一直体弱多病，程氏妹又小。因此，陶渊明从懂事起，就开始打理田园农事。二十岁时，若不是母亲的坚持和叔父陶夔的鼎力资助，陶渊明是断然不会离开母亲，到外地去游学的。陶渊明游学后，虽然身在三吴大地奔波，但是心一刻都不曾离开过生养的母亲，家乡的田园。385 年 10 月 12 日，当谢安在建康逝世的消息传到会稽郡时，陶渊明的思母思乡情绪更为加剧，在这种情况下，他结束游学生活，返回寻阳是很自然的事。袁行霈在谈及陶渊明游宦之事时说："《饮酒》其十所谓'直到东海隅'必非指任镇军参军之事，乃渊明弱年薄宦之事。又，既曰'薄宦'，时间必不很长，姑以两年计，后年复归家。"①袁行霈的这一分析是很有道理的。故本文暂定陶渊明游学时间为两年，即 384 年初开始游学，385年深秋结束游学。

综上所述，陶渊明二十岁（384 年）开始游学，先到京都建康，接着到吴郡，最后到会稽郡。385 年深秋，陶渊明结束游学回到寻阳。

———————

① 　袁行霈：《陶渊明研究》，北京大学出版社 1997 年版，第 289 页。

陶渊明年谱考补

对于陶渊明的生卒年,颜延之《陶征士诔并序》:"春秋若干,元嘉四年月日,卒于寻阳县之某里。"沈约《宋书·陶潜传》:"潜,元嘉四年卒,时年六十三。"萧统《陶渊明传》:"元嘉四年,将复征命,会卒,时年六十三。"房玄龄等《晋书·陶潜传》:"宋元嘉中卒,时年六十三。"可以说,宋以前对陶渊明六十三岁说,几乎无人异议。但从南宋开始,随着编纂陶渊明年谱的兴起,陶渊明的生年也众说纷纭,有张缜七十六岁说,圣旦、邓安生五十九岁说,梁启超五十六岁说,古直五十二岁说,吴挚甫五十一岁说,等等。他们的依据大都出自某一版本的陶诗,相互驳难,自圆其说。殊不知,陶诗在上千年的流传过程中,由于各种原因所产生的异文异字比比皆是。如以此为依据,实在难以避免差错。比如《游斜川并序》中有"辛酉正月五日""开岁倏五日"。这里"辛酉""五日"有两处异文,一作"辛丑",一作"五十"。如取"辛丑""五十",则得出陶渊明七十六岁(张缜说)。如取"辛酉""五十",则得出陶渊明五十六岁(梁启超说)。如取"辛丑""五日",则说明陶渊明是 401 年正月初五游斜川。而取"辛酉""五日",则说明陶渊明是421年正月初五游斜川。可见,在研究古诗文中,完全以一家一版的诗文为证,也不见得是科学的方法,还需要综合考虑诸多因素。

在研究陶渊明生卒年时,还有一种观点认为:颜延之是陶渊明生前好友,撰写诔文一定在陶渊明卒后不久,于其享年尚且阙疑,而晚于颜延之的沈约又从何得知? 显然这种观点更值得商榷。据史料记载,颜延之与陶渊明最后一次相见,是景平二年(424),是年颜延之因刘义真事件牵连,被外放始安(广西桂林)太守。在路经柴桑时,专门到栗里(南村)拜访了陶渊明。景平二年到陶渊明去世的元嘉四年(427),已过去三年,对于一个外地人来说,地名、年龄等一时记不清楚,实属正常。更何况,颜延之当年作诔文时,事已至急。在那样的情况下,他采取变通的办法,以"某里"代替"栗里",以"春秋若干"代替未知生年,以"元嘉四年月日",示人未知渊明去世确切时间,实乃明智之举,也体现了他实事求是的态度。而沈约则不同,他是《宋书》的作者,本身研究态度严谨,资料全面翔实,如有疑问,也有足够的时间和条件核实。据史料记载,沈约的《宋书》是在前人编撰的基础上完成的。刘宋一代十分重视本朝历史,从宋文帝元嘉十六年开始,朝廷便命著名学者何承天草立纪纲。到宋孝武帝大明六年(462),又令徐爰等人在何承天的基础上,续修国史。所以,沈约修《宋书》看起来只用了一年多,其实是因为他有深厚的基础。

另外,我们也不能忽视一个重要问题:两晋和刘宋时期非常重视隐士,朝廷常常征召著名隐士,陶渊明也曾经被征召过。按惯例被征召的隐士的生平材料官府是掌握的,这些隐士去世,郡州一级也要向朝廷报告。因此,对这些隐士的情况朝廷是十分清楚的。这一点我们可以从沈约的《宋书·隐逸传》中看出,《宋书·隐逸传》所列的十七位隐士,除翟法赐"隐迹庐山,于今四世,栖身幽岩,人罕见者……后卒于岩石之间,不知年月"外,其他十六位隐士哪里人、卒年、享年记载得清清楚楚:

戴颙:"谯郡铚人也……(元嘉)十八年卒,时年六十四。"

宗炳:"南阳涅阳人也……元嘉二十年,炳卒,时年六十九。"

周续之:"雁门广武人也……景平元年卒,时年四十七。"

王弘之:"琅邪临沂人……(元嘉)四年卒,时年六十三。"

阮万龄:"陈留尉氏人也……元嘉二十五年卒,时年七十二。"

孔淳之:"鲁郡鲁人也……元嘉七年卒,时年五十九。"

刘凝之:"南郡枝江人也……元嘉二十五年卒,时年五十九。"

龚祈:"武陵汉寿人也……元嘉十七年卒,时年四十二。"

陶潜:"寻阳柴桑人也……元嘉四年卒,时年六十三。"

宗彧之:"南阳涅阳人……元嘉八年卒,时年五十。"

沈道虔:"吴兴武康人也……元嘉二十六年卒,时年八十二。"

郭希林："武昌武昌人也……（元嘉）十年卒，时年四十七。"

雷次宗："豫章南昌人也……（元嘉）二十五年，卒于钟山，时年六十三。"

朱百年："会稽山阴人也……伯年孝建元年卒山中，时年八十七。"

王素："琅邪临沂人也……（泰始）七年卒，时年五十四。"

关康之："河东杨人……顺帝升明元年卒，时年六十三。"

此外，据已发现的十本陶氏宗谱（秀溪谱、寻阳谱、西源谱、灵龟石谱、栗里谱、定山谱、潜山谱、黟县谱、套口谱、廖化谱）记载，陶渊明的生卒年相同，为晋哀帝兴宁三年乙丑（365）至刘宋文帝元嘉四年丁卯（427）。①

鉴于此，我们实在没有更多的理由对陶渊明的享年提出质疑。

按照陶渊明享年六十三岁说，他当生于东晋哀帝兴宁三年乙丑（365），卒于刘宋文帝元嘉四年丁卯（427）。

晋哀帝兴宁三年乙丑（365），出生

陶渊明，字元亮，入宋更名潜。自号"五柳先生"，私谥"靖节"，寻阳郡柴桑县人。

---

① 龚斌：《陶渊明集校笺》（修订本），上海古籍出版社 2019 年版，第685 页。

《晋书·陶侃传》："陶侃字士行,本鄱阳人也。吴平,徙家庐江之寻阳。"陶侃《上表逊位》:"臣父母旧葬,今在寻阳。"可知,陶渊明祖居地寻阳,按祖居地籍贯应该是寻阳县。但因他出生在柴桑县(陶侃功封柴桑侯后,其家族陆续迁徙柴桑县),按出生地,他的籍贯也可算柴桑县,故沈约《宋书·陶潜传》称陶渊明为寻阳柴桑人。另据《晋书·地理志下》:"永兴元年(304),分庐江之寻阳、武昌之柴桑二县置寻阳郡,属江州。""安帝义熙八年(412),省寻阳县入柴桑县,柴桑仍为郡。"可见,义熙八年(412)后,寻阳县已并入柴桑县。颜延之《陶征士诔并序》称陶渊明为寻阳县人,当指旧区划名称。而沈约称陶渊明为寻阳柴桑人,既指出生地,又符合区划调整前后的名称,故陶渊明籍贯为柴桑县。

二月,晋哀帝司马丕卒,是年二十五岁,无嗣。皇太后诏令琅邪王司马奕承继大统,是为废帝海西公。(《资治通鉴·晋纪二十三》)

晋废帝太和元年丙寅(366),二岁

支遁(314—366)卒,支遁为东晋名僧,善谈玄理。释慧皎《高僧传·支道林传》:"郗超为之序传,袁宏为之铭赞,周昙宝为之作诔……凡遁所著文翰,集有十卷,盛行于世。"

十月,会稽王司马昱为丞相。"冬,十月,加司徒昱丞相、录尚书事,入朝不趋,赞拜不名,剑履上殿。"(《资治通鉴·晋纪二十三》)

晋废帝太和二年丁卯（367），三岁

郗愔任徐兖二州刺史，镇京口。"九月，以会稽内史郗愔为都督徐兖青幽扬州之晋陵诸军事、徐兖二州刺史，镇京口。"（《资治通鉴·晋纪二十三》）

张野拒绝为秀才。《莲社高贤传·张野传》："张野，字莱民，居寻阳柴桑，与渊明有婚姻契。野学兼华梵，尤善属文。性孝友，田宅悉推与弟，一味之甘，与九族共。州举秀才……不就。"野不就秀才，时间不详。据张可礼《东晋文艺系年》，系于本年。

晋废帝太和三年戊辰（368），四岁

桓温位在诸侯王上。"加大司马温殊礼，位在诸侯王上。"（《资治通鉴·晋纪二十三》）

程氏妹生。《祭程氏妹文》："慈妣早世，时尚孺婴。我年二六，尔才九龄。"可知陶渊明长程氏妹三岁。

王述卒。"（太和）三年卒，时年六十六……追赠侍中、骠骑将军、开府，谥曰穆，以避穆帝，改曰简。"（《晋书·王述传》）

晋废帝太和四年己巳（369），五岁

四月，桓温率众北伐燕。九月，桓温粮尽退兵，慕容垂乘胜追击，桓温败，死三万余人。（《资治通鉴·晋纪二十四》）

桓玄生。据《晋书·桓玄传》，桓玄于元兴三年（404）被

斩,时三十六岁,据此推算,桓玄当生于本年。

孙盛作《晋阳秋》。据张可礼《东晋文艺系年》:"《晋阳秋》恐非一时之作,书中写及本年桓温枋头失利一事,据此可推断成书当在本年。"

晋废帝太和五年庚午(370),六岁

桓温自广陵率军击败袁瑾。"大司马温自广陵帅众二万讨袁瑾,以襄阳太守刘波为淮南内史,将五千人镇石头……癸丑,温败瑾于寿春,遂围之。"(《资治通鉴·晋纪二十四》)

晋简文帝咸安元年辛未(371),七岁

桓温斩袁瑾。废帝海西公,立简文帝。"丁亥,温拔寿春,擒瑾及辅,并其宗族送建康,斩之。""温集百官于朝堂……于是宣太后令,废帝为东海王,以丞相、会稽王昱统承皇极……是日,即皇帝位,改元。"(《资治通鉴·晋纪二十五》)

孙绰卒。《建康实录》卷八《太宗简皇帝》:咸安元年(371),"是岁,散骑常侍领著作孙绰卒……时年五十八"。孙绰博学善文,放旷山水,与许询同为东晋玄言诗代表人物。著作颇丰,著有《游天台山赋》。

孙盛约卒于本年。《晋书·孙盛传》:"年七十二卒。盛笃学不倦,自少至老,手不释卷。著《魏氏春秋》《晋阳秋》,并造诗赋论难复数十篇。"孙盛生卒年不详,据张可礼《东晋文艺系年》,约卒于本年。

晋简文帝咸安二年壬申(372),八岁

渊明父卒。《祭从弟敬远文》:"惟我与尔,匪但亲友,父则同生,母则从母。相及龆齿,并罹偏咎。"《韩诗外传》:"男子八月生齿,八岁而龆齿;女子七月生齿,七岁而龀齿。"李公焕注:"龆与龀义同,毁齿也。""龆齿"指童年,"偏咎",偏孤之咎也,此处指丧父。渊明与敬远皆在八岁丧父,命运相同。

司马昱遗诏以桓温辅政。卒。"帝乃使坦之改诏曰:'家国事一禀大司马,如诸葛武侯、王丞相故事。'是日,帝崩。"(《资治通鉴·晋纪二十五》)

司马曜为皇太子,即皇帝位。"咸安二年秋七月己未,立为皇太子。是日,简文帝崩,太子即皇帝位。"(《晋书·孝武帝纪》)

桓温上疏荐谢安。"简文帝疾笃,(桓)温上疏荐安宜受顾命。"(《晋书·谢安传》)

晋孝武帝宁康元年癸酉(373),九岁

桓温卒。"七月己亥,南郡宣武公桓温薨。……丙申,以王彪之为尚书令,谢安为仆射,领吏部,共掌朝政。"(《资治通鉴·晋纪二十五》)

范宁为余杭令。《晋书·范宁传》:"(桓)温薨之后,始解褐为余杭令。"范宁是东晋著名儒学家,他兴办学校,推崇儒学,反对魏晋玄学。

晋孝武帝宁康二年甲戌(374),十岁

"二月癸丑,以王坦之为都督徐兖青三州诸军事、徐兖二州刺史,镇广陵。诏谢安总中书。"(《资治通鉴·晋纪二十五》)

范宁在余杭县崇学敦教。《晋书·范宁传》:"在(余杭)县兴学校,养生徒,洁己修礼,志行之士莫不宗之。期年之后,风化大行。自中兴已来,崇学敦教,未有如宁者也。"

张野不就南中郎府功曹等职。《莲社高贤传·张野传》:"州举……南中郎府功曹、州治中,征拜散骑常侍,俱不就。"上述时间不详。据张可礼《东晋文艺系年》,系于野二十五岁时。

晋孝武帝宁康三年乙亥(375),十一岁

王坦之卒。(《晋书·王坦之传》)

谢安领扬州刺史。《晋书·谢安传》:"又领扬州刺史,诏以甲仗百人入殿。"

晋孝武帝太元元年丙子(376),十二岁

渊明庶母卒。《祭程氏妹文》:"慈妣早世,时尚孺婴。我年二六,尔才九龄。"

"乙卯,加谢安中书监,录尚书事。"(《资治通鉴·晋纪二十六》)

晋孝武帝太元二年丁丑(377)，十三岁

谢安命谢玄招募骁勇之士，组建北府兵。"是时朝廷方以秦寇为忧，诏求文武良将可以镇御北方者，谢安以兄子玄应诏。……玄募骁勇之士，得彭城刘牢之等数人。以牢之为参军，常领精锐为前锋，战无不捷。时号'北府兵'，敌人畏之。"(《资治通鉴·晋纪二十六》)

谢安为司徒。"七月丁未，以尚书仆射谢安为司徒，安让不拜。"(《资治通鉴·晋纪二十六》)

周续之生。《宋书·周续之传》："周续之字道祖，雁门广武人也……景平元年卒，时年四十七。"据此推算，当生于本年。刘程之、周续之和陶渊明被后人称为"浔阳三隐"。

晋孝武帝太元三年戊寅(378)，十四岁

秦王苻坚举兵南侵。三月，秦王苻坚遣将侵沔中，四月围襄阳，七月，遣将入侵淮阳和盱眙。(《资治通鉴·晋纪二十六》)

晋孝武帝太元四年己卯(379)，十五岁

前秦苻坚攻陷襄阳。

谢安遣谢石、谢玄征讨苻坚。《晋书·谢安传》："时苻坚强盛，疆场多虞，诸将败退相继。安遣弟石及兄子玄等应机征讨，所在克捷。"据《晋书·孝武帝纪》记载，本年六月征虏

将军谢玄大破苻坚将。

王弘生。《宋书·王弘传》:"王弘字休元,琅邪临沂人也。曾祖导,晋丞相。祖洽,中领军。父珣,司徒。……(元嘉)九年,进位太保,领中书监,余如故。其年,薨,时年五十四。"据此推算,当生于本年。

晋孝武帝太元五年庚辰(380),十六岁

谢安任卫将军。《晋书·谢安传》:"拜(安)卫将军,开府仪同三司,封建昌县公。"《晋书·孝武帝纪》:"(太元五年五月)以司徒谢安为卫将军、仪同三司。"

司马道之领司徒。《晋书·孝武帝纪》:"(太元五年六月)丁卯,以骠骑将军、琅邪王道之为司徒。"

晋孝武帝太元六年辛巳(381),十七岁

慧远至寻阳,立精舍。《莲社高贤传·慧远传》:"太元六年至寻阳,见庐山闲旷,可以息心,乃立精舍。"

从弟敬远约生于本年。

晋孝武帝太元七年壬午(382),十八岁

冬,十月,秦王坚会群臣于太极殿商议,欲讨伐东晋。(《资治通鉴·晋纪二十六》)

晋孝武帝太元八年癸未(383),十九岁

前秦苻坚发兵,企图灭晋。晋遣谢石、谢玄、谢琰、桓伊诸将拒秦,于淝水大败苻坚。(《资治通鉴·晋纪二十七》)

晋孝武帝太元九年甲申(384),二十岁

陶渊明开始游学生涯。① 陶渊明在叔父陶夔的资助和安排下,开始游学谋生,先后游历了建康、吴郡和会稽郡等地。

颜延之生。《宋书·颜延之传》:"颜延之,字延年,琅邪临沂人也。曾祖含,右光禄大夫。祖约,零陵太守。父显,护军司马……孝建三年卒,时年七十三。"据此推算,当生于本年。

桓伊迁江州刺史。桓冲卒,豫州刺史桓伊为江州刺史。(《资治通鉴·晋纪二十七》)

晋孝武帝太元十年乙酉(385),二十一岁

会稽王司马道子专权,谢安受排挤。八月,谢安卒,时年六十六,有文集十卷。(《晋书·谢安传》《资治通鉴·晋纪二十八》)

谢灵运生。《宋书·谢灵运传》:"谢灵运,陈郡阳夏人也。祖玄,晋车骑将军。父瑍,生而不慧,为秘书郎。"

道安卒。《高僧传·释道安传》:"二月八日忽告众曰:

---

① 详见本书《陶渊明游学考证》一文。

'吾当去矣。'是日斋毕,无疾而卒。葬城内五级寺中,是岁晋太元十年也。"

陶渊明结束游学生涯,回到家乡。袁行霈《陶渊明年谱汇考》:"《饮酒》其十所谓'直至东海隅'必非指任镇军参军之事,乃渊明弱年薄宦之事。又,既曰'薄宦',时间必不很长,姑以两年计。"今从其说。是年,陶渊明结束游学。

晋孝武帝太元十一年丙戌(386),二十二岁

正月,拓跋珪大会于牛川,即代王位,改元登国。四月,代王珪初改称魏王,北魏开国。(《资治通鉴·晋纪二十八》)

江州刺史桓伊为慧远建东林寺。《莲社高贤传·慧远传》:"(桓)伊大敬感,乃为建刹,名其殿曰:'神运'。以在永师舍东,故号'东林'。时太元十一年也。"

王献之卒。张怀瑾《书断》:"子敬为中书令,太元十一年卒于官,年四十三。"

王徽之卒。《世说新语·伤逝第十七》:"王子猷、子敬俱病笃,而子敬先亡。子猷问左右:'何以都不闻消息?此已丧矣!'语时了不悲。便索舆来奔丧,都不哭……因恸绝良久,月余亦卒。"

陶渊明在家闲居。

晋孝武帝太元十二年丁亥(387),二十三岁

戴逵不就散骑常侍、国子博士,从会稽剡县逃于吴。《晋

书·戴逵传》："孝武帝时,以散骑常侍、国子博士累征,辞父疾不就,郡县敦逼不已,乃逃于吴。"

张野入庐山依慧远。据张可礼考证,《莲社高贤传·慧远传》记上年慧远建东林寺后接叙曰,"既而谨律息心之士,绝尘清信之宾不期而志者"之中有张野,据此,张野入庐山,依慧远,疑在本年前后。

陶渊明在家闲居。

晋孝武帝太元十三年戊子(388),二十四岁

周续之诣范宁受业。《宋书·周续之传》:"豫章太守范宁于郡立学,招集生徒,远方至者甚众,续之年十二,诣宁受业。居学数年……名冠同门,号曰'颜子'。"

谢玄卒。"春,正月,康乐献武公谢玄卒。"(《资治通鉴·晋纪二十九》)

陶渊明在家闲居,作《闲情赋并序》。《闲情赋并序》是一篇爱情之作,从其热情奔放、华美辞藻看,当作于青年时期。而从赋中抒写对美人的爱慕之情,以及对爱情的渴望和追求看,当作于成家之前,故暂系本年。

晋孝武帝太元十四年己丑(389),二十五岁

司马道子移扬州,理于东第。《建康实录·烈宗孝武皇帝》:本年"六月,会稽王道子移扬州,理于东第。"《晋书·会稽文孝王道子传》:"于是孝武帝不亲万机,但与道子酣歌为

务,姆姆尼僧,尤为亲昵,并窃弄其权。凡所幸接,皆出自小竖。郡守长吏,多为道子所树立。既为扬州总录,势倾天下,由是朝野奔凑。中书令王国宝性卑佞,特为道子所宠昵。"

陶渊明在家闲居,本年结婚成家。

晋孝武帝太元十五年庚寅(390),二十六岁

琅邪王道子恃宠骄恣……(帝)以中书令王恭为都督青兖幽并冀五州诸军事、兖青二州刺史,镇京口。(《资治通鉴·晋纪二十九》)

慧远与刘遗民、雷次宗、周续之、毕颖之、宗炳、张莱民、张季硕等建斋立誓。(释慧皎《高僧传·释慧远传》)

殷景仁生。据《宋书·文帝纪》《宋书·殷景仁传》,殷景仁卒于元嘉十七年(440),时年五十一岁。据此推算,当生于本年。殷景仁在江州晋安南府时,家住南村,与陶渊明有交往。

陶渊明在家闲居。

晋孝武帝太元十六年辛卯(391),二十七岁

江州刺史桓伊卒。《建康实录·烈宗孝武皇帝》:"十一月江州刺史、护军将军、永脩侯桓伊卒。"

王凝之任江州刺史。据吴廷燮《东晋方镇年表》记载,太元十六年(391)十一月江州刺史桓伊去世后,继任者为王凝之,故王凝之上任时间当为本年底。

　　桓玄始拜太子洗马。《晋书·桓玄传》:桓玄"年二十三,始拜太子洗马。时议谓温有不臣之迹,故折玄兄弟而为素官"。

　　陶渊明在家闲居。

晋孝武帝太元十七年壬辰(392),二十八岁

　　司马道子受封会稽王。"庚寅,立皇子德文为琅邪王,徙琅邪王道子为会稽王。"(《资治通鉴·晋纪三十》)

　　殷仲堪任荆州刺史。十月,荆州刺史王忱卒。十一月,以黄门郎殷仲堪为都督荆益梁三州诸军事、荆州刺史。(《晋书·孝武帝纪》)

　　陶渊明在家闲居。作《五柳先生传》。王瑶《〈五柳先生传〉注》:"萧统《陶渊明传》说:'渊明少有高趣……尝著《五柳先生传》以自况,时人谓之实录。'可知《五柳先生传》是渊明少年时叙述自己志趣的文字。《萧传》下面又接着说:'亲老家贫,起为州祭酒。'按史传通例,所叙事迹都是以时间前后为序的,因知《五柳先生传》之作在渊明为江州祭酒以前。渊明为江州祭酒在晋孝武帝太元十八年(393),今暂系此文于晋太元十七年壬辰,本年渊明二十八岁。"今从之。

晋孝武帝太元十八年癸巳(393),二十九岁

　　陶渊明为江州祭酒。《宋书·陶潜传》:"亲老家贫,起为州祭酒,不堪吏职,少日,自解归。州召主簿,不就。躬耕自

资。"陶诗《饮酒二十首·其十九》:"畴昔苦长饥,投耒去学仕。将养不得节,冻馁固缠己。是时向立年,志意多所耻。遂尽介然分,终死归田里。""向立年",将近三十岁。据此,可知本年陶渊明离开田园,做江州祭酒,不久即辞归。

本年长子陶俨生。《与子俨等疏》"汝等虽不同生",知长子俨为前妻所生。《怨诗楚调示庞主簿邓治中》:"始室丧其偏。""始室"指三十岁男子。"丧其偏",指丧妻。因而知陶渊明得长子俨必在三十岁前。《命子》诗作于本年。《命子》即训示儿子的意思,此诗为渊明初得长子俨时所作。

晋孝武帝太元十九年甲午(394),三十岁

陶渊明妻卒。陶诗《怨诗楚调示庞主簿邓中治》:"弱冠逢世阻,始室丧其偏。"据《礼记·内则》"(男子)三十而有室,始理男事。""始室"指三十岁男子。从上可知,陶渊明妻卒于本年。陶渊明妻去世不久,陶渊明续娶翟氏为妻。萧统《陶渊明传》:"其妻翟氏亦能安勤苦,与其同志。"《南史·陶潜传》:"其妻翟氏,志趣亦同,能安苦节。夫耕于前,妻锄于后。"陶渊明有五个儿子,除长子俨外,其余四个儿子都为翟氏所生。

陶渊明在家闲居。

晋孝武帝太元二十年乙未(395),三十一岁

会稽王道子专权奢纵,帝益恶道子,而逼于太后,不忍废

黜。乃擢亲幸王恭、郗恢、殷仲堪、王珣、王雅等,使居内外要任以防道子。道子亦引王国宝及国宝从弟琅邪内史绪以为心腹。(《资治通鉴·晋纪三十》)

戴逵卒。戴逵,东晋著名隐士、美术家、雕塑家,有文集十卷。(《晋书·戴逵传》)

陶渊明在家闲居,本年次子陶俟生。

晋孝武帝太元二十一年丙申(396),三十二岁

九月,帝嗜酒,因酒后戏言惹怒张贵人,被张贵人所弑。太子即位,是为安帝司马德宗。会稽王道子以王国宝、王绪为心腹,参管朝政,威震内外。(《资治通鉴·晋纪三十》)

陶渊明在家闲居。本年三子陶份、四子陶佚生。

晋安帝隆安元年丁酉(397),三十三岁

司马道子稽首归政。杀王国宝、王绪。《晋书·会稽文孝王道子传》:"帝既冠,道子稽首归政,王国宝始总国权,势倾朝廷。王恭乃举兵讨之,道子惧,收国宝付廷尉,并其从弟琅邪内史绪悉斩之,以谢于恭,恭即罢兵。道子乞解中外都督、录尚书以谢方岳,诏不许。道子世子元显,时年十六,为侍中,心恶恭,请道子讨之。乃拜元显为征虏将军。"《晋书·安帝纪》:"夏四月甲戌,兖州刺史王恭、豫州刺史庾楷举兵,以讨尚书左仆射王国宝、建威将军王绪为名。甲申,杀国宝及绪以悦于恭,恭乃罢兵。"

陶渊明在家闲居。

晋安帝隆安二年戊戌(398),三十四岁

二月,会稽王道子忌王、殷之逼,以谯王尚之及弟休之为腹心。以其司马王愉为江州刺史,都督江州及豫州之四郡军事,惹怒豫州刺史庾楷。七月,桓玄求为广州,会稽王道子忌玄,不欲使居荆州,以玄为督交广二州军事、广州刺史,玄受命而不行。王恭、庾楷、殷仲堪、桓玄、杨佺期等结盟,准备起兵讨伐王愉、司马尚之。九月,以会稽世子元显为征讨都督,讨伐王恭等。司马元显买通王恭司马刘牢之,刘牢之在进攻建康途中叛变,捕杀王恭。朝廷任命刘牢之都督兖、青、冀、幽、并、徐、扬州晋陵诸军事,代替王恭。司马元显为瓦解西军,任命桓玄为江州刺史,杨佺期为都督梁雍秦三州诸军事、雍州刺史,黜殷仲堪广州刺史。十月,殷仲堪、桓玄和杨佺期三人在寻阳结盟,俱不接受诏命。朝廷只好仍以殷仲堪为荆州刺史,三人受诏。(《资治通鉴·晋纪三十二》)

王凝之任会稽内史。《东晋将相大臣年表》系王凝之任中护军、会稽内史于本年。

陶渊明在家闲居。

晋安帝隆安三年己亥(399),三十五岁

五斗米道首领孙恩作乱于"三吴八郡"。元显领中军将军,命徐州刺史谢琰兼督吴兴、义兴军事以讨伐孙恩。辅国

将军刘牢之亦发兵讨恩，拜表辄行。十二月，诏以刘牢之为前将军、都督吴郡诸军事。刘牢之击孙恩，引刘裕参军事。孙恩复逃入海岛。朝廷忧恩复至，以谢琰为会稽太守、都督五郡军事，率徐州文武官吏戍守海浦。（《资治通鉴·晋纪三十三》《晋书·刘牢之传》《宋书·武帝纪》）

是年，桓玄趁朝廷平叛孙恩无暇顾及之际，发兵剿灭了殷仲堪和杨佺期，使桓家势力重新控制了长江中上游。（《资治通鉴·晋纪三十三》）

王凝之为孙恩所害。（《晋书·王凝之传》）

是年，陶渊明在叔父陶夔的帮助下，入刘牢之军幕，并随刘牢之东征会稽，讨伐孙恩。①

晋安帝隆安四年庚子（400），三十六岁

桓玄任后将军、荆州刺史，复领江州刺史。《晋书·桓玄传》："乃表求领江、荆二州。诏以玄都督荆司雍秦梁益宁七州、后将军、荆州刺史、假节，以桓修为江州刺史。玄上疏固

---

①　梁启超《陶渊明之文艺及其品格》："渊明少年，母老家贫，想靠做官得点俸禄。当桓玄未篡位以前，曾做过刘牢之的参军，约摸三年，和刘裕是同僚。"梁启超《陶渊明年谱》："本年（399）十一月，海贼孙恩陷会稽，刘牢之率众东讨。时刘裕为牢之参军，立功最多。先生（陶渊明）之驰驱海隅，冲冒风波，盖在牢之军中也。"圣旦《陶渊明考》（《文艺月刊》1934 年第六卷第四期）："辛丑以前为庚子（400）、己亥（399），考之史传，这时靖节在刘牢之军幕。"《绍兴市志·大事年表》："是年（399），陶渊明从刘牢之来会稽讨孙恩。"据此，陶渊明入刘牢之军幕应在本年。

争江州,于是进督八州及扬豫八郡,复领江州刺史。"

五月,孙恩再度率部朝会稽杀来。镇守会稽的谢琰傲慢轻敌,仓促迎敌,被帐下都督张猛所杀。孙恩大军乘势追杀,会稽、临海、永嘉、东阳、新安等五郡,又一次沦陷。朝廷大惊,先后派冠军将军桓不才、辅国将军孙无终、宁朔将军高雅之平叛,结果都被孙恩打败。至十一月,在浙晋军几乎全军覆没。危急关头,朝廷急忙下诏任命刘牢之为镇北将军,都督会稽等五郡,率领所部东征。孙恩见刘牢之率领的北府兵勇猛无比,吃了几次败仗后又逃回海岛。刘牢之分兵防守各县,自己屯守上虞,令刘裕驻守最前线的句章。(《资治通鉴·晋纪三十三》《晋书·刘牢之传》《宋书·武帝纪》)

《建康实录·高祖武皇帝》:"四年春,牢之还镇丹徒,以谢琰镇山阴。"陶渊明随刘牢之班师京口后,奉刘牢之之命出使京都,完成使命后,请假回寻阳探望家人。在规林受阻,作《庚子岁五月中从都还阻风于规林二首》。不久,回京口续职。十一月,陶渊明随刘牢之第二次到会稽征讨孙恩。

晋安帝隆安五年辛丑(401),三十七岁

本年二至三月,孙恩率兵多次袭击句章、海盐等地,均被刘裕击败。孙恩见北府兵主力都调到浙江,京口、广陵空虚,企图乘虚突破长江口,直插建康。知道孙恩北上消息后,刘牢之命刘裕为先锋,率军追击。自己带领大队人马日夜不停地赶回京口。(《资治通鉴·晋纪三十四》《晋书·刘牢

之传》）

陶渊明这次随刘牢之到会稽平叛，真正体会到军旅生涯的艰辛和凶险。他知道孙恩已率军北上直逼建康，接下来大仗恶仗在所难免。自己又不擅长骑马搏杀，母亲多病，儿子年幼，思考再三，向刘牢之提出了辞呈，改投到家乡江州刺史桓玄的府上。陶渊明投奔桓玄大约在五月，上任后，他便向桓玄请假探望母亲和妻儿。《辛丑岁七月赴假还江陵夜行涂口》，就是假满返江陵赴职途中所作。

冬，陶母孟氏卒。陶渊明还寻阳居丧。《祭程氏妹文》："昔在江陵，重罹天罚……黯黯高云，萧萧冬月。"李公焕注："晋安帝隆安五年秋七月，赴假还江陵，是冬，母孟氏卒。"

桓伟任江州刺史。"桓玄表其兄伟为江州刺史，镇夏口。"（《资治通鉴·晋纪三十四》）

本年幼子陶佟生。

晋安帝元兴元年壬寅（402），三十八岁

正月，朝廷下诏罪状桓玄，以司马元显任骠骑大将军、征讨大都督、都督十八州诸军事，以镇北将军刘牢之为前锋都督，前将军谯王尚之为后部，发兵讨伐桓玄。桓玄禁断江路，抗表传檄，罪状元显，举兵东下。二月，桓玄发江陵，过寻阳，至姑孰。刘牢之素恶元显，欲假玄以除执政，复伺玄之隙而自取之，故不肯讨玄。参军刘裕请讨玄，牢之不许。三月，牢之派儿子刘敬宣向桓玄请降。桓玄兵不血刃进入建康，杀司

马元显,将司马道子流放安成郡,不久将其杀害。桓玄成为都督中外诸军事、丞相、录尚书事、扬州牧、领徐荆江三州刺史,假黄钺。桓玄以刘牢之为会稽内史,收夺其兵权。刘牢之欲再反桓玄,手下已无人响应,众叛亲离之下,刘牢之自缢而死。刘敬宣逃奔后秦。桓玄让丞相、荆江徐三州,改授太尉、都督中外诸军事、扬州牧、领豫州刺史,总百揆。孙恩被临海太守辛景击破,乃赴海死。桓玄欲安抚东土,命孙恩妹夫卢循为永嘉太守。(《资治通鉴·晋纪三十四》)

刘遗民弃柴桑令隐居庐山西林。七月二十八日,慧远与刘遗民、宗炳等一百二十三人在阿弥陀佛像前建斋立誓,共期往生极乐世界,刘遗民撰《誓愿文》。(袁行霈《陶渊明年谱汇考》)

桓石生任江州刺史。(《资治通鉴·晋纪三十四》)

陶渊明居丧在家。作《晋故征西大将军长史孟府君传》《和郭主簿二首》。《晋故征西大将军长史孟府君传》是陶渊明为其外祖父孟嘉写的一篇传记,王瑶《晋故征西大将军长史孟府君传》注:"渊明母卒于晋隆安五年辛丑,本文大概即作于渊明居忧的时候,今暂系于晋安帝元兴元年壬寅(402)。"今从之。《和郭主簿二首·其一》:"弱子戏我侧,学语未成音。""弱子"为幼子佟,是年二岁。暂系本年作。

晋安帝元兴二年癸卯(403),三十九岁

二月,以太尉玄为大将军。九月,册命玄为相国,总百

揆，封十郡，为楚王。十一月，安帝禅位于楚。十二月，玄即皇帝位，改元永始。（《资治通鉴·晋纪三十五》）

诸葛长民、刘毅与刘裕密谋讨桓玄。（《晋书·刘毅传》《晋书·安帝纪》）

刘义庆生。《宋书·刘义庆传》："（元嘉）二十一年，薨……时年四十二。"据此推之，当生于本年。

陶渊明居丧在家。作《癸卯岁始春怀古田舍二首》《癸卯岁十二月中作与从弟敬远》《和胡西曹示顾贼曹》《劝农》。孟二冬《和胡西曹示顾贼曹》说明："诗中后六句可见，诗人已经躬耕，但仍有盛时难再，欲及时有为的志向，说明此诗为初躬耕时之作。诗人开始躬耕在晋安帝元兴二年癸卯（403），这首诗疑即此年所作，时陶渊明三十九岁。"王瑶《劝农》注："《癸卯岁始春怀古田舍》诗中说：'秉耒欢时务，解颜劝农人。'癸卯渊明开始躬耕，《怀古田舍》是怀古言志之作，重在叙述自己感怀；劝农人则着重在说理，其劝说内容与《劝农》诗所说者相同。因知本诗也是作于晋元兴二年癸卯（403），这年渊明三十九岁。"暂系本年作。

晋安帝元兴三年甲辰（404），四十岁

刘裕举兵讨桓玄。二月，建武将军刘裕率何无忌、刘毅等从京口起义兵，讨伐桓玄。三月，桓玄溃逃，刘裕入建康，立留台百官。桓玄司徒王谧推刘裕行镇军将军、徐州刺史、都督扬徐兖豫青冀幽并八州诸军事。裕以身范物，先以威

禁。内外百官皆肃然奉职，不盈旬日，风俗顿改。桓玄至寻阳，逼帝西上。刘敬宣闻桓玄败，遂来归，刘裕以敬宣为晋陵太守。四月，桓玄挟帝至江陵，更署置百官。何无忌、刘道规破玄军于桑落洲，进据寻阳。加刘裕都督江州诸军事，刘裕以刘敬宣为江州刺史。桓玄收集荆州兵二万余，复东下。五月，刘毅、何无忌、刘道规等帅众自寻阳西上，与桓玄遇于峥嵘州，玄大败。玄挟帝入江陵，欲入汉中，途中被益州督护冯迁所杀。桓振复陷江陵，大败无忌于灵溪，无忌退还寻阳。刘敬宣在寻阳聚粮缮船，未尝无备，故无忌等虽败退，赖以复振。十月，桓玄兄子亮自称江州刺史，寇豫章，敬宣击破之。（《资治通鉴·晋纪三十五》《宋书·武帝纪》《晋书·安帝纪》）

谢瞻、王弘任镇军将军刘裕参军。（《宋书·谢瞻传》《宋书·王弘传》）

陶渊明居丧期满，任镇军将军刘裕参军。陶渊明自寻阳至京口，途中作《始作镇军参军经曲阿作》。不久，又任江州刺史刘敬宣参军（见本书《陶渊明从军考证》）。是年，陶渊明还作《停云并序》《时运并序》《荣木并序》及《连雨独饮》。王瑶《荣木》注："《荣木》四章，咏当及时自勉，依道立善。诗中说'四十无闻，斯不足畏'，则本诗当作于晋安帝元兴三年甲辰（404），渊明年四十岁。按《停云》《时运》《荣木》三诗，都是四言四章，而且前冠小序，序文句法也完全相同；诗题又都是以首句命名，当为同年所作。"又《连雨独饮》诗中有"自我抱兹独,俚俛四十年"句,可知作于本年。

晋安帝义熙元年乙巳(405),四十一岁

三月,晋安帝还建康。以刘裕为侍中、车骑将军、都督中外诸军事,徐、青二州刺史如故。裕固让不受,屡请归藩。诏百官敦劝,帝亲幸其第;裕惶惧,复诣阙陈请,乃听归藩。刘毅使人言于裕,刘敬宣不豫建义,不宜为江州刺史。敬宣不自安,自表解职,乃召还为宣城内史。四月,刘裕旋镇京口,改授都督荆、司等十六州诸军事,加领兖州刺史。(《资治通鉴·晋纪三十六》)

陶渊明归隐。本年作《乙巳岁三月为建威参军使都经钱溪》《酬丁柴桑》《归去来兮辞并序》。三月,陶渊明为建威将军刘敬宣出使京都,途经钱溪时作《乙巳岁三月为建威参军使都经钱溪》。三月底,刘敬宣解职江州刺史,调任宣城内史,陶渊明辞职还乡。陶渊明还乡后,常常与丁柴桑开怀畅饮,愉快游赏。元兴元年(402)柴桑县令刘程之弃官归隐后,接替他的便是丁县令,故推知《酬丁柴桑》作于义熙元年(405)前后,今暂系本年。八月,为彭泽令,在官八十余日。十一月,程氏妹丧于武昌,自免职,作《归去来兮辞并序》,归隐。《归去来兮辞并序》:"寻程氏妹丧于武昌,情在骏奔,自免去职。仲秋至冬,在官八十余日。因事顺心,命篇曰《归去来兮》。乙巳岁十一月也。""乙巳岁",即晋安帝义熙元年(405)。

晋安帝义熙二年丙午(406),四十二岁

十月,尚书论建义功,奏封刘裕豫章郡公,刘毅南平郡公,何无忌安成郡公,自余封赏有差。十二月,以何无忌为都督荆江豫三州八郡军事、江州刺史。(《资治通鉴·晋纪三十六》)

义熙二年,刘毅复镇姑孰,以谢灵运为记室参军。(《南齐书·州郡志》《宋书·谢灵运传》)

刘毅镇姑孰,命周续之为抚军参军,征太学博士,并不就。(《宋书·周续之传》)

陶渊明在家隐居。作《归园田居五首》《归鸟》。吴仁杰《陶渊明年谱》:"有《归园田居诗》五首。味其诗,盖自彭泽归明年所作也。首篇云:'误落尘网中,一去三十年。'按太元癸巳,先生初仕为州祭酒,至乙巳去彭泽而归,才甲子一周,不应云三十年,当作'一去十三年'。"王瑶《归鸟》注:"诗中歌颂归鸟,如'岂思天路,欣及旧栖'等语,都与'羁鸟恋旧林'同义;当与《归园田居五首》同是彭泽归田后作。"故《归园田居五首》《归鸟》,暂系本年作。

晋安帝义熙三年丁未(407),四十三岁

宋文帝刘义隆生。《宋书·文帝纪》:"太祖文皇帝讳义隆,小字车儿,武帝第三子也,晋安帝义熙三年,生于京口。"

陶渊明在家隐居。作《祭程氏妹文》《感士不遇赋并序》。

《祭程氏妹文》:"维晋义熙三年五月甲辰,程氏妹服制再周,渊明以少牢之奠,俯而酹之。"当知作于本年。《感士不遇赋并序》曰:"宁固穷以济意,不委曲而累己。既轩冕之非荣,岂缊袍之为耻?诚谬会以取拙,且欣然而归止。拥孤襟以毕岁,谢良价于朝市。"乃初归田园之口吻,疑作于本年。

晋安帝义熙四年戊申(408),四十四岁

刘裕入朝辅政。正月,刘毅等不欲刘裕入辅政,议以中领军谢混为扬州刺史。刘裕参军刘穆之劝裕曰:"晋朝失政日久,天命已移。公兴复皇祚,勋高位重,今日形势,岂得居谦,遂为守藩之将耶!"裕用刘穆之计,朝廷乃征裕为侍中、车骑将军、开府仪同三司、扬州刺史、录尚书事,徐兖二州刺史如故。裕表解兖州。(《资治通鉴·晋纪三十六》)

陶渊明在家隐居。作《戊申岁六月中遇火》《还旧居》《悲从弟仲德》《责子》。《戊申岁六月中遇火》:"正夏长风急,林室顿烧燔。一宅无遗宇,舫舟荫门前。迢迢新秋月,亭亭月将圆。"六月,园田居发生火灾,①陶家只好移居门前舫舟暂住,诗当作于本年新秋之时。《还旧居》指还上京旧宅。园田居火灾发生后不久,陶家搬回上京旧宅居住。陶母去世时,陶渊明在上京旧宅守孝,后为耕种方便,移居园田居,至今归来正好六载。《悲从弟仲德》是陶渊明回上京旧宅居住时,凭

---

① 　逯钦立《陶渊明集》注:"遇火灾即园田居。"

吊已故从弟仲德的旧宅而有感而作。《责子》:"阿舒已二八,懒惰故无匹。"陶渊明长子俨(小名阿舒)生于晋孝武帝太元十八年(393),则本年刚好十六岁。故《责子》当作于本年。

晋安帝义熙五年己酉(409),四十五岁

刘裕帅师伐南燕,围广固。加北青、冀二州刺史。进太尉、中书监,固让。"(义熙)五年二月,(慕容超)大掠淮北……三月,公抗表北讨……四月,舟师发京师,溯淮入泗。五月,至下邳……六月……超闻临朐已拔,引众走,公亲鼓之,贼乃大奔。超遁还广固。……明日,大军进广固……七月,诏加公北青、冀二州刺史……录事参军刘穆之,有经略才具,公以为谋主,动止必谘焉……九月,进公太尉、中书监,固让。"(《宋书·武帝纪》)

陶渊明在家隐居。作《己酉岁九月九日》。

晋安帝义熙六年庚戌(410),四十六岁

刘裕攻克广固,被征还击卢循。二月,刘裕攻克广固城,俘获慕容超,送建康斩之,南燕亡。徐道覆闻刘裕北伐,劝卢循乘虚袭建康。卢循自始兴寇长沙,道覆寇南康、庐陵、豫章,并顺流而下,舟械甚盛。朝廷急征刘裕,裕引兵还。五月,刘毅与卢循战于桑落洲,毅兵大败,卢循进逼建康。刘裕帅众迎战,七月卢循败退寻阳。十二月,裕大败卢循。(《资治通鉴·晋纪三十七》《宋书·武帝纪》)

殷景仁任晋安南府长史掾，与陶渊明为邻。

庾悦任江州刺史。"以车骑中军司马庾悦为江州刺史。"（《资治通鉴·晋纪三十七》）

陶渊明在南村隐居。作《庚戌岁九月中于西田获早稻》《移居二首》。本年陶渊明移居南村。① 清人顾易《柳村谱陶》：本年"迁南村里。有《移居》诗。公与殷晋安别在来岁，诗云：'去岁家南里，薄作少时邻'。故知今岁移居也"。

晋安帝义熙七年辛亥(411)，四十七岁

正月，刘裕还建康。三月，刘裕始受太尉、中书监，以刘穆之为太尉司马，陈郡殷景仁为行参军。四月，卢循败奔交州，刺史杜慧度帅州府文武在石碕破之，循赴水死。刘毅任江州都督兼刺史，移镇豫章。（《资治通鉴·晋纪三十八》）

陶渊明在南村隐居。作《与殷晋安别并序》《祭从弟敬远文》《赠长沙公并序》。《与殷晋安别并序》："殷先作晋安南府长史掾，因居寻阳。后作太尉参军，移家东下，作此以赠。"诗云："去岁家南里，薄作少时邻……语默自殊势，亦知当乖分。未谓事已及，兴言在兹春。"殷景仁本年三月后任太尉参军《宋书·殷景仁传》。《祭从弟敬远文》："岁在辛亥，月惟仲秋，旬有九日，从弟敬远，卜辰云窆，永宁后土……年甫过立，

---

① 陶澍《陶渊明全集》注：南村，"李注：即栗里也。何注：眉山杨恪曰：'柴桑之南村。'"

奄与世辞,长归蒿里,邈无还期。"知敬远卒于本年八月,刚过三十岁。长沙公原是晋大司马陶侃的封号,按当时的制度是父爵子袭。据《晋书·陶侃传》记载,陶侃的五世孙陶延寿沿袭了长沙郡公的爵位,他与陶渊明生活在同一时代。陶渊明是陶侃的四世孙,比陶延寿长一辈,故《赠长沙公并序》中陶渊明以长辈的身份叙述。逯钦立《赠长沙公并序》:"长沙公陶延寿义熙五年(409)尚任军职。又元熙二年(420),宋代晋,长沙公降为醴陵侯。则延寿子嗣公爵当在义熙五年以后元熙二年之前,其路过寻阳亦当在此期间。"据《宋书·武帝纪》,义熙五年,慕容超率铁骑来战,高祖命兖州刺史刘藩、并州刺史刘道怜、谘议参军刘敬宣、陶延寿等击之。义熙六年二月,俘慕容超,送建康斩之,南燕亡。四月,高祖还建康。可知义熙五年至六年,陶延寿一直随刘裕征战。陶延寿入寻阳访亲应在义熙六年后,故《赠长沙公并序》暂系本年作。

晋安帝义熙八年壬子(412),四十八岁

四月,刘道规以疾求归,许之。以后将军豫州刺史刘毅为卫将军、都督荆宁秦雍四州诸军事、荆州刺史。毅性刚愎,自谓建义之功与裕相埒,深自矜伐,虽权事推裕而心不服。毅既据上流,阴有图裕之志,求兼督交、广二州,裕许之。九月,刘裕攻毅。十月,毅败自缢而死。(《资治通鉴·晋纪三十八》《晋书·刘毅传》)

刘毅镇江陵,谢灵运为卫军从事中郎。毅伏诛,高祖版

为太尉参军。(《宋书·谢灵运传》)

王弘从刘裕讨刘毅，率军至豫章口。《晋书·刘毅传》："刘裕自率众讨毅，命王弘、王镇恶、蒯恩等率军至豫章口，于江津爇舟而进。"

孟怀玉任江州刺史。据《宋书·孟怀玉传》、吴廷燮《东晋方镇年表》记载，孟怀玉于本年任江州刺史。

是年，省寻阳县入柴桑县，柴桑仍为郡治。(《晋书·地理志》)

陶渊明在南村隐居。

晋安帝义熙九年癸丑(413)，四十九岁

诸葛长民为刘裕所害。《晋书·诸葛长民传》："(刘)裕深疑之，骆驿继遣辎重兼行而下，前尅至日，百司于道候之，辄差其期。既而轻舟径进，潜入东府。明旦，长民闻之，惊而至门，裕伏壮士丁旿于幕中，引长民进语，素所未尽皆说焉，长民悦，旿自后拉而杀之，舆尸付廷尉。"《晋书·安帝纪》："九年春三月丙寅，刘裕害前将军诸葛长民。"

谢灵运任秘书丞。《宋书·谢灵运传》："入为秘书丞，坐事免。"谢灵运为秘书丞，当在本年二月刘裕自江陵回京师后。但何时何因免职？未详。

陶渊明在南村隐居。作《形影神并序》《五月旦作和戴主簿》。是年，慧远法师在庐山立佛影台，并作《万佛影铭并序》，又邀谢灵运作《佛影铭》，有感于此，陶渊明作《形影神并

序》。逯钦立认为《形影神并序》"诗作于晋义熙九年之顷。主旨是反对违反自然的宗教迷信。乃针对当时庐山释慧远的《形尽神不灭论》而发,亦涉及道教徒的'长生久视'说"。王瑶《五月旦作和戴主簿》注:"戴主簿事迹不详。但渊明归田后与郡县僚佐酬和,都在义熙年间。"逯钦立:"据《晋书·天文志》,自南斗十二度至须女七度为星纪,于辰在丑。知星纪为丑年。陶渊明生平值丑年者,一为隆安五年辛丑(401),时年三十七岁;一为义熙九年癸丑(413),时年四十九岁;一为宋元嘉二年乙丑(425),时年六十一岁。陶与江州官吏往来,率在义熙年间,故知星纪指癸丑年。"此诗当作于本年。

晋安帝义熙十年甲寅(414),五十岁

刘裕执司马文思送还司马休之,欲休之杀之。《宋书·武帝纪》:"(义熙)十年,息民简役。筑东府,起府舍。平西将军、荆州刺史司马休之,宗室之重,又得江汉人心,公疑其有异志,而休之兄子谯王文思在京师,招集轻侠,公执文思送还休之,令自为其所。休之表废文思,并与公书陈谢。"《资治通鉴》记本年三月:"裕执文思送休之,令自训厉,意欲休之杀之。"

刘穆之任前将军。《宋书·刘穆之传》:"(义熙)十年,进穆之前将军,给前军府年布万匹,钱三百万。"

颜延之为刘柳行参军。《宋书·颜延之传》:"后将军、吴国内史刘柳以为行参军,因转主簿。"明年,延之随刘柳至寻

阳,延之为刘柳行参军,因转主簿当在本年。(张可礼《东晋文艺系年》)

鲍照约生于本年。(张可礼《东晋文艺系年》)

陶渊明在南村隐居。本年作《杂诗十二首》《和刘柴桑》《酬刘柴桑》。王瑶《杂诗八首》注:"《陶集》中有《杂诗》十二首……前八首辞意一贯,内容多叹息家贫年衰,及力图自勉之意,当为晚年所作。第六首中说:'……奈何五十年……'渊明五十岁时当晋安帝义熙十年甲寅(414),前八首当为这一年所作。其余四首多咏旅途行役之苦,另系于晋安帝隆安五年辛丑(401)所作。"孟二冬《杂诗十二首》:"第六首中说:'昔闻长者言,掩耳每不喜。奈何五十年,忽已亲此事。'渊明五十岁当为晋安帝义熙十年(414),前八首即为这一年所作。后四首多咏旅途行役之苦,另系于晋安帝隆安五年(401)所作,时渊明三十七岁。"窃以为,诗人写诗,可以写眼前发生的事情,也可以追述以前的事件。这正如陶渊明的《饮酒二十首》组诗,有许多首是追叙之作,所以,我们无须刻意根据内容划定年限。故《杂诗十二首》暂系本年作。孟二冬《和刘柴桑》"晋安帝义熙十年(414)七月,庐山东林寺主持慧远等人结白莲社,刘程之为社中十八贤之一。他们招陶渊明入社,渊明不肯,此诗就是他写给刘程之的一首和诗。"《酬刘柴桑》也作于本年。

晋安帝义熙十一年乙卯(415),五十一岁

刘裕率军西讨司马休之,领荆州刺史。正月,刘裕率军征讨荆州刺史司马休之、雍州刺史鲁宗之,领荆州刺史。三月,刘裕军至江陵,司马休之等溃逃襄阳。四月,青、冀二州刺史刘敬宣被其参军司马道赐与同府辟闾道秀,及小将王猛子所杀。刘裕率众进讨至襄阳,休之奔羌。五月,诏加太尉裕太傅、扬州牧,剑履上殿,入朝不趋,赞拜不名。八月,太尉裕还建康,固辞太傅、州牧,其余受命。(《资治通鉴·晋纪三十九》《宋书·武帝纪》)

孟怀玉卒,刘柳任江州刺史。《宋书·孟怀玉传》:"(义熙)八年,迁江州刺史……十一年……未去任,其年卒官。"《晋书·安帝纪》、吴廷燮《东晋方镇年表》记,刘柳本年至明年六月卒时,任江州刺史。

周续之为刘柳所荐举。《宋书·周续之传》:"江州刺史刘柳荐之高祖曰:'……窃见处士雁门周续之,清真贞素,思学钩深,弱冠独往,心无近事,性之所遣,荣华与饥寒俱落,情之所慕,岩泽与琴书共远。加以仁心内发,义怀外亮……愿照其丹款,不以人废言'俄而辟为太尉掾,不就。"

陶渊明在南村隐居,与颜延之情款。《宋书·陶潜传》:"颜延之为刘柳后军功曹,在寻阳,与潜情款。"是年,作《与子俨等疏》。《与子俨等疏》有"吾年过五十"句,可知此文作于陶渊明五十岁之后,故暂系本年。

晋安帝义熙十二年丙辰（416），五十二岁

刘裕帅师伐后秦姚泓。正月，加太尉裕兖州刺史、都督南秦州，凡都督二十二州。二月，加太尉裕中外大都督。五月，加太尉裕领北雍州刺史。八月，刘裕帅师北伐后秦姚泓。刘穆之为左仆射，领蓝军、中军二府军司，入居东府，总摄内外。九月，太尉裕至彭城，加领徐州刺史。王镇恶、檀道济入秦境，所向皆捷。十月，晋军攻克洛阳。十一月，太尉裕遣左长史王弘还建康，讽朝廷求九锡。十二月，诏以裕为相国、总百揆、扬州牧，封十郡为宋公，备九锡之礼，位在诸侯王上，领征西将军、司豫北徐雍四州刺史如故。裕辞不受。（《资治通鉴·晋纪三十九》）

颜延之奉命北使洛阳。六月，刘柳卒。颜延之离开江州返建康，在豫章公世子中军行参军。本年岁暮，与同府王参军一起奉使至洛阳，庆刘裕有宋公之授。（《宋书·颜延之传》）

谢灵运任世子中军谘议，黄门侍郎。《宋书·谢灵运传》："又为世子中军谘议，黄门侍郎。奉使慰劳高祖于彭城。"慧远卒后，谢灵运作《庐山慧远法师诔并序》，并为慧远作碑铭。

慧远卒。《高僧传·释慧远传》："自远卜居庐阜三十余年，影不出山，迹不入俗，每送客游履，常以虎溪为界焉。以晋义熙十二年八月初动散，至六日困笃……卷未半而终，春

秋八十三矣……所著论序铭赞诗书,集为十卷,五十余篇,见重于世焉。"

陶渊明在南村隐居。作《丙辰岁八月中于下潠田舍获》《示周续之祖企谢景夷三郎》。丙辰岁即晋安帝义熙十二年丙辰(416)。江州刺史刘柳于本年六月去世后,由檀韶继任江州刺史。萧统《陶渊明传》:"刺史檀韶苦请续之出州,与学士祖企、谢景夷三人共在城北讲《礼》,加以雠校。所住公廨,近于马队。"陶渊明与周续之等三人为好友,故诗中有赞扬,也有调侃。诗当作于本年。

晋安帝义熙十三年丁巳(417),五十三岁

刘裕率舟师进讨后秦,后秦亡。四月,太尉裕至洛阳。七月,太尉裕至陕。八月,晋将王镇恶入长安,姚泓降,后秦亡。九月,太尉裕至长安,送姚泓至建康,斩于市。十一月,裕以次子桂阳公义真为都督雍梁秦三州诸军事、安西将军、领雍东秦二州刺史。十二月,裕发长安,自洛入河,开汴渠而归。(《资治通鉴·晋纪四十》《宋书·武帝纪》)

刘穆之卒。《宋书·刘穆之传》:"(义熙)十三年,疾笃,诏遣正直黄门侍郎问疾。十一月卒,时年五十八。"

陶渊明在南村隐居。作《赠羊长史并序》《饮酒二十首并序》。《赠羊长史并序》曰:"左军羊长史衔使秦川,作此与之。"羊长史衔使秦川,是贺刘裕伐秦获胜。诗当作于本年八月刘裕攻克长安后。关于《饮酒二十首并序》的作年,大致有

六种说法：①元兴二年癸卯（403）说（吴《谱》）；②元兴三年甲辰（404）说（王《谱》）；③义熙二年丙午（406）说（北京大学中国文学史教研室）；④义熙十年甲寅（414）说（古《谱》）；⑤义熙十一年乙卯（415）说（邓安生）；⑥义熙十三年丁巳（417）说（王瑶）。王瑶认为："据序文'比夜已长'及'既醉之后，辄题数句自娱'，则这二十首诗当都是同一年秋夜醉后所作的，因此总题为《饮酒》。又第十九首中上面说'终死归田里'，下面说'亭亭复一纪'；一纪是十二年，渊明辞彭泽令归田在晋安帝义熙元年乙巳（405），因知饮酒诗当作于义熙十三年丁巳（417），时渊明年五十三岁。"今暂系本年作。

晋安帝义熙十四年戊午（418），五十四岁

正月，太尉裕至彭城，以南郡公刘义庆为豫州刺史。六月，太尉裕始受相国、宋公、九锡之命，行参军殷景仁为秘书郎。十月，裕召义真东归，以相国右司马朱龄石为都督关中诸军事、右将军、雍州刺史，代镇长安。十一月，朱龄石至长安，义真归途中被夏军大败于青泥。朱龄石弃长安，奔潼关，后被夏兵俘获执送长安，为夏王勃勃所杀。夏王勃勃即皇帝位，改元昌武。十二月，宋公裕以谶云"昌明之后尚有二帝"，乃使中书侍郎王韶之与帝左右密谋鸩帝而立琅邪王德文。戊寅，韶之以散衣缢帝于东堂。裕因称遗诏，奉德文即皇帝位。（《资治通鉴·晋纪四十》）

周续之被刘裕辟为太尉掾，未就。（《宋书·宗炳传》）

王弘任江州刺史。《宋书·王弘传》："（义熙）十四年，迁监江州豫州之西阳新蔡二郡诸军事、抚军将军、江州刺史。"

张野卒。《莲社高贤传·张野传》："义熙十四年，与家人别，入室端坐而逝，春秋六十九。"

陶渊明在南村隐居。作《怨诗楚调示庞主簿邓治中》《岁暮和张常侍》《诸人共游周家墓柏下》。《怨诗楚调示庞主簿邓治中》有"结发念善事，僶俛六九年"句，"六九"为五十四岁，故系本年。《晋书·安帝纪》：义熙十四年（418）"十二月戊寅，帝崩于东堂，时年三十七……帝不惠，自少及长，口不能言，虽寒暑之变，无以辩也。凡所动止，皆非己出。故桓玄之篡，因此获全……刘裕将为禅代，故密使王韶之缢帝而立恭帝"。王瑶认为，《岁暮和张常侍》"写市朝变化，风云严厉，最后抚己履运，不胜感慨；当为戊午（418）岁暮所作。这年渊明五十四岁"。又注《诸人共游周家墓柏下》："《晋书·陶潜传》说：'既绝州郡觐谒，其乡亲张野及周旋人羊松龄、庞遵等，或有酒邀之。'这次共游诸人，或即张野、庞遵等。本集《岁暮和张常侍》及《怨诗楚调示庞主簿邓治中》二诗，都作于晋义熙十四年戊午（418），知这时渊明与诸人周旋，最为频繁。本诗当也作于同年春天。"今从之。

陶渊明被征著作佐郎，不就。《宋书·陶潜传》："义熙末，征著作佐郎，不就。"

晋恭帝元熙元年己未(419),五十五岁

刘裕为宋王,移镇寿阳。正月,征宋公裕入朝,进爵为王,裕辞。七月,宋公裕始受进爵之命。八月,移镇寿阳。十二月,宋王裕加殊礼,进王太妃为太后,世子为太子。(《资治通鉴·晋纪四十》)

陶渊明在南村隐居。作《九日闲居并序》。王瑶《九日闲居并序》注:"诗序记这诗是为有菊无酒而作。《宋书·陶潜传》说:尝九月九日无酒,出宅边菊丛中,坐久,值江州刺史王宏(弘)送酒,即便就酌,醉而后归。王宏(弘)为江州刺史始于义熙十四年戊午,凡八年。今暂系本诗于王宏(弘)任职的第二年。"从之。

宋武帝永初元年庚申(420),五十六岁

刘裕即皇帝位。六月,宋王刘裕至建康。傅亮讽晋恭帝禅位于宋,具诏草呈帝,使书之。帝欣然操笔,谓左右曰:"桓玄之时,晋氏已无天下,重为刘公所延,将二十载;今日之事,本所甘心。"遂书赤纸为诏。刘裕即皇帝位。奉晋恭帝为零陵王,即宫于故秣陵县。诏晋氏封爵,当随运改,独置始兴、庐陵、始安、长沙、康乐五公,降爵为县公及县侯,以奉王导、谢安、温峤、陶侃、谢玄之祀。(《资治通鉴·宋纪一》)

陶渊明在南村隐居。作《咏贫士七首》《读史述九章》《扇上画赞附尚长禽庆赞》。陶渊明在《咏贫士七首》中写道:"量

力守故辙,岂不寒与饥?""凄厉岁云暮,拥褐曝前轩……倾壶绝余沥,窥灶不见烟。"可见,他晚年生活贫困潦倒。此诗通过对古代贫士的歌咏,表现了他安贫守志、不慕名利的情怀。王瑶《咏贫士七首》注:"诗中第二首说'凄厉岁云暮',则《咏贫士七首》当作于宋武帝永初元年庚申(420)岁末,渊明年五十六岁。"《读史述九章》第二章"去乡之感,犹有迟迟,矧伊代谢,触物皆非",通过述评箕子对改朝换代的悲哀,表达了作者晋宋易代之际的感想。《扇上画赞附尚长禽庆赞》赞美的八个人物,都是古代的名人隐士。陶渊明借此抒发对古代隐士生活的羡慕,表达了自己的隐居之志。内容与《读史述九章》相似,当为同年所作。故上述诗作当作于本年。

宋武帝永初二年辛酉(421),五十七岁

初,帝以毒酒授前琅邪郎中令张伟,使鸩零陵王。伟叹曰:"鸩君以求生,不如死!"自饮而卒。九月,帝令淡之与兄叔度往视妃,士兵趁机越墙进毒酒,王不肯饮,士兵以被掩杀之。

十一月辛亥,葬晋恭帝于冲平陵,帝帅百官瞻送。(《资治通鉴·宋纪一》)

陶渊明在南村隐居。作《游斜川并序》《于王抚军座送客》《述酒》《拟古九首》《桃花源诗并序》。《游斜川并序》中"辛酉"(421)多本作"辛丑"(401)。曾集刻本、汤汉本云,一作"酉"。逯钦立和王瑶本"丑"作"酉",今从之。故此诗应作

于宋武帝永初二年辛酉(421)。孟二冬在《于王抚军座送客》说明:"永初二年秋,庾登之入京都,谢瞻赴豫章,王弘在湓口为他们设宴送别。陶渊明亦应邀在座,此诗便是当时所作。"王瑶《于王抚军座送客》也明确此诗作于宋武帝永初二年。两人史料翔实,故按本年作。宋武帝永初元年(420)六月,刘裕废晋恭帝司马德文为零陵王,自己称帝,改国号为宋,改年号为永初。永初二年九月,刘裕先赐下毒酒,授意郎中令张伟鸩杀零陵王。不料张伟不肯背主求荣,自饮毒酒身亡。于是刘裕又让褚叔度、褚淡之兄弟打着探望妹妹的名义,调开零陵王妃。士兵趁机翻墙进去,用被褥闷死了零陵王。在《述酒》诗中陶渊明用隐晦曲折的语言反映此事,表达了诗人对篡权丑行的极大愤慨。此诗当作于本年。《拟古九首》组诗大多为忧国伤感之作,其中多有托古讽今、隐晦曲折之辞,当作于东晋覆亡后,故暂系本年。《桃花源记》原题《桃花源诗并序》,陈寅恪《桃花源记旁证》曰:"渊明拟古诗之第二首可与桃花源记互相印证发明。"王瑶《桃花源诗并记》注:"《拟古》诗作于宋永初二年辛酉(421),《桃花源诗》并《记》当也是同时所作。"故《桃花源诗并序》暂按本年作。

宋武帝永初三年壬戌(422),五十八岁

正月,江州刺史王弘为卫将军、开府仪同三司。五月,帝疾甚,司空徐羡之、中书令傅亮、领军将军谢晦、镇北将军檀道济同被顾命。癸亥,帝殂于西殿。太子即皇帝位。七月,

葬武皇帝于初宁陵,庙号高祖。九月,魏发兵侵宋。十一月,宋陷滑台,后沿河诸郡多被魏攻入。(《资治通鉴·宋纪一》)

陶渊明在南村隐居。作《咏二疏》《咏三良》《咏荆轲》《读〈山海经〉十三首》《蜡日》。《咏二疏》《咏三良》《咏荆轲》是著名的咏史诗,三篇体制大致相同,应为同一时期作品。而《咏三良》显然是借咏三良之事,悼念张伟不肯毒死零陵王而自饮毒酒先死一事,此诗当作于宋武帝永初二年(421)后,故暂系本年。《读〈山海经〉十三首》除第一首具有诗序性质外,其他十二首所记奇异事物,多为借古讽今之作。其中第十一首《巨猾肆威暴》,显然为刘裕弑逆而作。故此诗当为零陵王被害的次年所作。王瑶《蜡日》注:"诗中有'章山有奇歌'句,《山海经》说'鲜山又东三十里曰章山','奇歌'当为神仙所唱。则本诗与《读山海经》应为同年作。"今暂按本年作。

宋少帝景平元年癸亥(423),五十九岁

正月己亥朔,大赦,改元。魏先后拔宋金墉、虎牢等地,占领司、豫、兖郡县。十一月,魏攻许昌、汝阳,宋兵溃败。(《资治通鉴·宋纪一》)

陶渊明在南村隐居。作《答庞参军并序》五言、四言诗各一首。据王瑶考证:"序中说庞为卫军参军,江州刺史王宏(弘)镇寻阳,于宋永初三年(422)进号卫将军,则庞当是王宏(弘)的参军……诗中又说'昔我云别,仓庚载鸣;今也遇之,霰雪飘零';可知与渊明是春日别后,冬日再遇……二诗皆应

作于景平元年癸亥(423)，本年渊明五十九岁。"今从之。

宋文帝元嘉元年甲子(424)，六十岁

南豫州刺史庐陵王义真，与太子左卫率谢灵运、员外常侍颜延之、慧琳道人情好款密，尝云："得志之日，以灵运、延之为宰相，慧林为西豫州都督。"灵运自谓才能宜参权要，常怀愤邑。司空徐羡之等以为灵运、延之构扇异同，非毁执政，以灵运为永嘉太守，延之为始安太守。羡之等已密谋废帝，而次立者应在义真，乃因义真与帝有隙，先奏列其罪恶，废为庶人，徙新安郡。四月，羡之等召南兖州刺史檀道济、江州刺史王弘入朝。五月，皆至建康，以废立之谋告之。羡之等遂称皇太后令，废帝为营阳王，以宜都王义隆纂承大统。八月，宜都王至建康，即皇帝位。徐羡之进位司徒，王弘进位司空，傅亮加开府仪同三司，谢晦进号卫将军，檀道济进号征北将军。(《资治通鉴·宋纪二》)

陶渊明在南村隐居。颜延之为始安太守，过寻阳，日日造潜。《宋书·陶潜传》："颜延之为刘柳后军功曹，在寻阳，与潜情款。后为始安郡，经过，日日造潜，每往必酣饮致醉。临去，留二万钱与潜，潜悉送酒家，稍就取酒。"何法盛《晋中兴书》："延之为始安郡，道经寻阳，常饮渊明舍，自晨达昏。及渊明卒，延之为诔，极其思致。"陶渊明去世后，颜延之在《陶征士诔并序》中深情地回忆了他与渊明的交往："自尔介居，及我多暇。伊好之洽，接阎邻舍。宵盘昼憩，非舟非驾。

念昔宴私,举觞相诲",可见两人情深义重。

宋文帝元嘉二年乙丑(425),六十一岁

正月,徐羡之、傅亮上表归政,帝许之,始亲万机。八月,王弘固辞司空,乃许之。乙酉,以弘为车骑大将军、开府仪同三司。(《资治通鉴·宋纪二》)

陶渊明在南村隐居。

宋文帝元嘉三年丙寅(426),六十二岁

正月,帝下诏暴徐羡之、傅亮、谢晦杀营阳、庐陵王之罪,命有司诛之。羡之自经死,亮被收诛死。晦时为荆州刺史,帝带兵讨晦。帝以王弘、檀道济始不预废弑之谋,弘弟昙首又为帝所亲委,遂征王弘为侍中、司徒、录尚书事、扬州刺史。二月,帝发建康。命王弘与彭城王义康居守,入居中书下省;侍中殷景仁参掌留任。檀道济与到彦之军合,破晦军。晦至江陵,晦众散略尽,乃携其弟遁等七骑北逃,被执伏诛。三月,帝还建康,征谢灵运为秘书监。颜延之为中书郎。五月,以檀道济为征南大将军、开府仪同三司、江州刺史,到彦之为南豫州刺史。(《资治通鉴·宋纪二》《宋书·文帝纪》)

陶渊明在南村隐居。本年作《有会而作并序》《乞食》。《有会而作并序》:"旧谷既没,新谷未登,颇为老农,而值年灾,日月尚悠,为患未已。"说明渊明晚年生活日渐贫困。萧统《陶渊明传》:"江州刺史檀道济往候之,偃卧瘠馁有日矣。

道济谓曰：'贤者处世，天下无道则隐，有道则仕，今子生文明之世，奈何自苦如此？'对曰：'潜也何敢望贤，志不及也。'道济馈以粱肉，（渊明）麾而去之。"据《宋书·文帝纪》《资治通鉴》记载，檀道济为征南大将军、江州刺史时间在元嘉三年五月，故《有会而作并序》当作于本年。《乞食》亦作于同年。

宋文帝元嘉四年丁卯（427），六十三岁

九月，陶渊明作《拟挽歌辞三首》《自祭文》。这是陶渊明生前最后的作品。《拟挽歌辞三首》中说"严霜九月中，送我出远郊"，当是预为自挽之词。

十一月，陶渊明卒。陶渊明晚年一直被疾病困扰，这点我们可以从他的诗文和颜延之作的诔文看出。陶渊明五十一岁作《与子俨等疏》："病患以来，渐就衰损。亲旧不遗，每以药石见救，自恐大分将有限也。"五十二岁作《示周续之祖企谢景夷三郎》："负疴颓檐下，终日无一欣。药石有时闲，念我意中人。"五十九岁作《答庞参军并序》："吾抱病多年，不复为文；本既不丰，复老病继之。"颜延之《陶征士诔并序》："年在中身，疢维痁疾。视死如归，临凶若吉。"

陶渊明病故后，葬于南山陶氏宗墓。中书侍郎颜延之作《陶征士诔并序》，私谥"靖节"。

陶渊明作品系年一览表

作品名	创作年份	年龄
《闲情赋并序》	晋太元十三年（388）	二十四岁
《五柳先生传》	晋太元十七年（392）	二十八岁
《命子》	晋太元十八年（393）	二十九岁
《庚子岁五月中从都还阻风于规林二首》	晋隆安四年（400）	三十六岁
《辛丑岁七月赴假还江陵夜行涂口》	晋隆安五年（401）	三十七岁
《晋故征西大将军长史孟府君传》《和郭主簿二首》	晋元兴元年（402）	三十八岁
《癸卯岁始春怀古田舍二首》《癸卯岁十二月中作与从弟敬远》《和胡西曹示顾贼曹》《劝农》	晋元兴二年（403）	三十九岁

续　表

作品名	创作年份	年龄
《始作镇军参军经曲阿作》 《停云并序》 《时运并序》 《荣木并序》 《连雨独饮》	晋元兴三年 （404）	四十岁
《乙巳岁三月为建威参军使都经钱溪》 《酬丁柴桑》 《归去来兮辞并序》	晋义熙元年 （405）	四十一岁
《归园田居五首》 《归鸟》	晋义熙二年 （406）	四十二岁
《祭程氏妹文》 《感士不遇赋并序》	晋义熙三年 （407）	四十三岁
《戊申岁六月中遇火》 《还旧居》 《悲从弟仲德》 《责子》	晋义熙四年 （408）	四十四岁
《己酉岁九月九日》	晋义熙五年 （409）	四十五岁
《庚戌岁九月中于西田获早稻》 《移居二首》	晋义熙六年 （410）	四十六岁
《与殷晋安别并序》 《祭从弟敬远文》 《赠长沙公并序》	晋义熙七年 （411）	四十七岁
《形影神并序》 《五月旦作和戴主簿》	晋义熙九年 （413）	四十九岁

续　表

作品名	创作年份	年龄
《杂诗十二首》 《和刘柴桑》 《酬刘柴桑》	晋义熙十年 （414）	五十岁
《与子俨等疏》	晋义熙十一年 （415）	五十一岁
《丙辰岁八月中于下潠田舍获》 《示周续之祖企谢景夷三郎》	晋义熙十二年 （416）	五十二岁
《赠羊长史并序》 《饮酒二十首并序》	晋义熙十三年 （417）	五十三岁
《怨诗楚调示庞主簿邓治中》 《岁暮和张常侍》 《诸人共游周家墓柏下》	晋义熙十四年 （418）	五十四岁
《九日闲居并序》	晋元熙元年 （419）	五十五岁
《咏贫士七首》 《读史述九章》 《扇上画赞附尚长禽庆赞》	宋永初元年 （420）	五十六岁
《游斜川并序》 《于王抚军座送客》 《述酒》 《拟古九首》 《桃花源诗并序》	宋永初二年 （421）	五十七岁
《咏二疏》 《咏三良》 《咏荆轲》 《读〈山海经〉十三首》 《蜡日》	宋永初三年 （422）	五十八岁

作品名	创作年份	年龄
《答庞参军并序》(四言) 《答庞参军并序》(五言)	宋景平元年 (423)	五十九岁
《有会而作并序》 《乞食》	宋元嘉三年 (426)	六十二岁
《拟挽歌辞三首》 《自祭文》	宋元嘉四年 (427)	六十三岁

此外，传世的陶集诸本均录有《联句》一诗。为陶渊明与愔之、循之合作，内容为咏雁。愔之、循之二人姓名、事迹无从查考。且《联句》的诗意与陶渊明其他诗作风格有异，故此诗真伪存疑，有待进一步考辨。

对《孟府君传》几个历史事件发生年份的考证

　　《晋故征西大将军长史孟府君传》（以下简称《孟府君传》）是陶渊明为已故外祖父孟嘉写的一篇传记,此文约作于晋安帝元兴元年（402）。① 文章通过九则故事叙述了孟嘉的主要生平,描述了孟嘉温润德盛、学识渊博、才思敏捷、重情重义、气度不凡、任怀闲适的儒雅形象。据考证,陶渊明（365—427）出生时,其外祖父孟嘉（296—349）已去世十六年,陶渊明对孟嘉的了解,主要通过以下渠道:一是母亲孟氏的叙述。二是叔父陶夔、从母孟氏及其他长辈之间的叙述和议论。② 如《孟府君传》中陶夔与刘耽关于孟嘉"三司"人的对话,陶渊明很可能是从陶夔那里听来的。三是从孟嘉同事晚

---

　　① 　逯钦立《孟府君传》:"陶母卒于隆安五年（401）,时陶渊明三十七岁。本文当即是年后居忧期间所写。"王瑶《孟府君传》:"渊明母卒于晋隆安五年辛丑,本文大概即作于渊明居忧的时候。今暂系于晋安元兴元年壬寅（402）,这年渊明三十八岁。"

　　② 　陶渊明《祭从弟敬远文》:"父则同生,母则从母。"李公焕注引《尔雅》曰:"母之姐妹为从母。"陶澍注引:"《豫章书》曰:'孟嘉以二女妻侃子茂之二子,一生渊明,一生敬远。'是敬远之母为先生从母也。"

辈口中得知。孟嘉和刘耽曾在桓温幕府司职,陶渊明曾任桓玄的参军,刘耽的儿子刘柳曾做过江州刺史,陶渊明很有可能从他们口中得知孟嘉的一些闲情逸事。四是从晋人的传记中了解。据史料记载,从西晋末到东晋南朝,编写晋朝历史的就有十八家。如王隐、虞预、朱凤、谢沈、臧荣绪、萧子云各有《晋书》。陆机、干宝、曹嘉之、邓粲、刘谦之、徐广各有《晋纪》。何法盛有《晋中兴书》,孙盛有《晋阳秋》,檀道鸾有《续晋阳秋》等等。其中,王隐所写的《晋书》就有《陶侃传》《孟嘉传》。据《晋书·王隐传》记载:"太兴初,典章稍备,乃召隐及郭璞具为著作郎,令撰晋史。豫平王敦功,赐爵平陵乡侯。时著作郎虞预私撰晋书,而生长东南,不知中朝事,数访于隐,并借隐所著书窃写之,所闻渐广。是后更疾隐,形于言色。预既豪族,交结权贵,共为朋党,以斥隐,竟以谤免,黜归于家。贫无资用,书遂不就,乃依征西将军庾亮于武昌。亮供其纸笔,书乃得成,诣阙上之。"庾亮是晋成帝咸和九年(334)六月,加封征西将军、兼领江豫荆三州刺史,镇守武昌的。至晋成帝咸康四年(338)征为司空,离开武昌。可见,王隐的《晋书》大约成书于 338 年前后,此后一直在社会上流传,陶渊明有可能读到过此书,并从中了解陶侃和孟嘉的事迹。由于陶渊明对孟嘉的生平事迹只是间接了解,因此,在给孟嘉作传时,他认真采访,谨慎选录,唯恐出现差错而有损孟嘉的形象。"谨按采行事,撰为此传。惧或乖谬,有亏大雅君子之德。所以战战兢兢,若履深薄云尔。"为避免出现不必要的差错,他对不确切的信息一概不用,这就出现了我们今天看到的历史事件,不知道发生于何年的现象。这对于一个完整的故事,不得不说是一种遗憾。其实,《孟府君传》中许多历史事件的发生年限是可以找到依据的。为了使孟嘉的有关故事不留下任何遗憾,本文结合近年来对陶渊明的研究成果,对《孟府君传》中几个历史事件发生的年份提出如下考证意见。

一、结交许询

陶渊明在《孟府君传》中讲到,孟嘉到会稽吊丧,在浦阳江畔偶遇客居永兴的许询。孟嘉返回时,在许询处连宿两夜,两人彼此投契,遂为知音。

> "君尝为刺史谢永别驾。永,会稽人,丧亡,君求赴义,路由永兴。高阳许询,有隽才,辞荣不仕,每纵心独往,客居县界。尝乘船近行,适逢君过,叹曰:'都邑美士,吾尽识之,独不识此人。唯闻中州有孟嘉者,将非是乎? 然亦何由来此?'使问君之从者。君谓其使曰:'本心相过,今先赴义,寻还就君。'及归,遂止信宿,雅相知得,有若旧交。还至,转从事中郎,俄迁长史。"

考证此事发生年份,我们可以先从谢永任江州刺史和桓温任征西大将军两个方面入手。

谢永在《晋书》《宋书》《资治通鉴》《建康实录》等史书中都无记载,因而不知其生平。但吴廷燮撰写的《东晋方镇年表》江州刺史栏,有明确记载:

纪年	姓名	相关内容
建元二年（344）	庾冰	本纪十一月庚辰,车骑将军庾冰卒
	庾翼	本传兄冰卒,还镇夏口。悉取冰所领兵自配。诏翼还督江州
	谢尚	本传转江夏相。建元二年,诏所处险要,宜崇其威望。今以为南中郎将。庾冰薨。复以本号督豫州四郡,领江州刺史
永和元年（345）	谢尚	本传转西中郎将、都督扬州之六郡诸军事、豫州刺史
	谢永	陶渊明集孟嘉传,君尝为刺史谢永别驾。永,会稽人,丧亡,君求赴义。又曰君为安西庾翼府功曹,再为江州别驾、巴丘令、征西大将军参军。按,谢永为江州,在庾翼卒后,桓温为征西之前
永和二年（346）	谢永	
永和三年（347）	谢永	
	王羲之	本传庾亮请为参军,累迁长史。亮临薨,上疏称羲之清贵有鉴裁,迁宁远将军、江州刺史,频召为侍中、吏部尚书,皆不就
永和四年（348）	王羲之	

　　查考史料，吴廷燮撰写的《东晋方镇年表》江州刺史栏，一处有误：建元二年（344）十一月谢尚虽然被朝廷任命为江州刺史，但并未到任。江州刺史一职，实际上由庾翼担任。①一处有争议：王羲之何时任江州刺史？历来有诸多说法。但谢永领江州刺史一说，正好填补庾翼卒后江州刺史一职的空白。故我们暂且以吴廷燮的说法为准。谢永在江州刺史任上有两年多时间，到永和三年（347）由王羲之接任。谢永辞职除年老体弱多病外，是否还有其他原因？目前无从考证。但有一点可以肯定，即至少到永和三年上半年，谢永还在世。

　　我们再来看一下桓温的情况。据《资治通鉴》记载，永和元年（345）八月，桓温"为安西将军、持节、都督荆司雍益梁宁六州诸军事、领护南蛮校尉、荆州刺史"。永和二年（346）十一月，"温帅益州刺史周抚、南郡太守谯王无忌伐汉，拜表即行"。永和三年（347）三月，桓温在攻克成都后，整饬军队回江陵。"温留成都三十日，振旅还江陵。"永和四年（348）秋八

――――――――――

　　① 房玄龄等《晋书·谢尚传》："会庾冰薨，复以本号督豫州四郡，领江州刺史。俄而复转……豫州刺史。"司马光《资治通鉴》记载，建元二年（344）十一月，"翼还镇夏口。诏翼复督江州，又领豫州刺史，翼辞豫州"。房玄龄等《晋书·穆帝纪》："永和元年……秋七月庚午、持节、都督江荆司梁雍益宁七州诸军事、江州刺史、征西将军、都亭侯庾翼卒。"根据上述史书记载，建元二年（344）十一月，谢尚没有上任江州刺史，因为朝廷又下诏任命庾翼为江州刺史，兼领豫州刺史。庾翼将豫州刺史让给谢尚，只任江州刺史。谢尚"俄而复转……豫州刺史"，说明了这一点。可见建元二年（344）十一月至永和元年（345）七月的江州刺史，应该是庾翼。

月，"加温征西大将军、开府仪同三司，封临贺郡公。"陶渊明《孟府君传》这篇文章标题明确，孟嘉曾做过征西大将军桓温的长史，时间应该在孟嘉吊丧回到荆州桓温府之后，"还至，转从事中郎，俄迁长史"。据此可知，孟嘉升迁桓温长史，应该在永和四年秋八月后。

那么，孟嘉结交许询到底是哪一年呢？

我们先来回顾一下孟嘉的生平。关于孟嘉生卒年的记载，目前我们能看到的有《晋书·孟嘉传》："年五十三卒于家。"陶渊明的《孟府君传》："……后以疾终于家，年五十一。"《阳新县志》："孟嘉（296—349），字万年。……349年，孟病逝家中，葬阳辛孟家堰。"[①]《晋书·孟嘉传》"五十三岁说"，合《阳新县志》孟嘉的（296—349）生卒年限。而陶渊明的"五十一岁说"，历来有传抄之误等说法，故《世说新语·识鉴第七》第16条刘孝标注引《嘉别传》作"年五十三而卒"[②]。这里我们暂定孟嘉生卒年为296—349。

对于孟嘉的任职，三篇文章记载也略有不同：《晋书·孟嘉传》："太尉庾亮领江州，辟部庐陵从事……转劝学从事……后为征西桓温参军……转从事中郎，迁长史。"《孟府君传》：太尉颍川庾亮，"镇武昌，并领江州。辟君部庐陵从事……更版为劝学从事……又为安西将军庾翼府功曹，再为

---

①　湖北省阳新县县志编纂委员会：《阳新县志》，新华出版社1993年版。

②　逯钦立《晋故征西大将军长史孟府君传》："此传刘孝标注《世说新语》引作《孟嘉别传》。"

江州别驾、巴丘令、征西大将军谯国桓温参军……从事中郎，俄迁长史。"《阳新县志》："334年，庾亮代镇武昌，委孟任庐州从事……340年，为安西大将军庾翼功曹，后任江州别驾、巴丘令……345年，孟为荆州刺史桓温参军……调任从事中郎，旋任长史……346年，孟归故里任阳新县令。"从上述资料我们可以看出，《孟府君传》记载比较详细，而《阳新县志》记载的有些年份明显有误，如"346年，孟归故里任阳新县令"。如此说成立，那么，何来孟嘉当过征西大将军桓温的从事中郎、长史？但《阳新县志》也为我们提供了新的线索——孟嘉晚年当过阳新县令。对于孟嘉是否当过阳新县令，明代大学士吴国伦在浏览孟嘉墓后曾写道："为问阳新令，谁知孟氏贤；孤坟不可吊，虚识永和年。"由此看来，孟嘉晚年当过阳新县令，但任职时间不长，只是短暂过渡罢了。根据桓温永和四年（348）八月任征西大将军和《阳新县志》"349年，孟病逝家中"的记述，我们初步可以断定，孟嘉赴会稽奔丧，在浦阳江畔结识许询的时间，大约在永和四年深秋。

二、龙山落帽

九月九日，温游龙山，参佐毕集，四弟二甥咸在坐。时佐史并著戎服，有风吹君帽堕落，温目左右及宾客勿言，以观其举止。君初不自觉，良久如厕，温命取以还之。廷尉太原孙盛，为谘议参军，时在坐，温命纸笔，令嘲之。文成示温，温以著坐处。君

归,见嘲笑而请笔作答,了不容思。文辞超卓,四座
叹之。①

　　这是陶渊明在《孟府君传》中记述孟嘉的又一则故事,展
示了孟嘉气度恢宏,临乱不惊,才思敏捷的风度。千百年来,
人们将"龙山落帽"传为佳话,成为一则成语故事。而历代文
人墨客到江陵,都会登龙山赋诗歌咏,留下无数佳作。
　　那么,"龙山落帽"的故事到底发生在哪一年呢?
　　据查,虽然各种史书杂记对此事没有明确记载,但今人
倒有一些说法。比较有代表性的有"345 年说"(《阳新县
志》)、"348 年说"(张可礼《东晋文艺系年》)。我们先来看一
下《阳新县志》的记载:"345 年,孟为荆州刺史桓温参军。重
阳日,桓温率参佐游龙山。有风吹落孟帽,孟初未觉。良久,
桓温命人将帽还孟,并命谘议参军孙盛作文嘲之。孟即席作
答,挥毫立就,文辞优美,四座皆惊。自此,'孟嘉落帽于龙

———————

　　①　陶澍《陶渊明全集》引何孟春注:"其文不传,东坡尝为补亡,盛嘲
嘉云:'征西天府,重九令节。驾言龙山,宴凯群哲。壶歌雅奏,缓带轻裾。
胡为中觞,一笑絮发,榱楠竞秀,榆柳独脱。骖骙交驽,骛寒先蹶。楚狂醉
乱,陨帽莫觉。戎服因首,枯颅苗发。惟明将军,度量宏达。容此下士,颠
倒冠袜。宰夫扬觯,觅觥举罚。请歌《相鼠》,以侑此爵。'嘉解嘲云:'吾闻
君子,蹈常履素。晦明风雨,不改其度。平生丘壑,散发箕踞。堕车天全,
颠沛何惧。腰适忘带,足适忘屦。不知有我,帽复奚数。流水莫系,浮云
暂寓。飘然随风,非去非取。我冠明月,佩服宝璐。不缨而结,不簪而附。
歌诗宁释,请歌《相鼠》。罚此陋人,俾出童羖。'二篇辞致,超卓古今。龙
山当日之会,若有东坡此文,四坐之英,真可以绝倒矣。"

山'之佳话流传千载……346 年,孟归故里任阳新县令。"上述记载明白无误地告诉我们两点:其一,"龙山落帽"故事发生在 345 年重阳日。其二,346 年,孟已荣归故里,任阳新县令。很明显《阳新县志》的这段记载,存在时空混乱状况。按《孟府君传》孟嘉先"为安西将军庾翼府功曹,再为江州别驾、巴丘令、征西大将军谯国桓温参军"的任职顺序,345 年孟嘉似乎刚任江州刺史谢永的别驾。又,孟嘉若 346 年任阳新县令,那么,前面说过,他就没有机会任征西大将军桓温的从事中郎、长史。显然,《阳新县志》的记载存疑。

张可礼的《东晋文艺系年》录《晋书·穆帝纪》:永和四年(348)"秋八月,进安西将军桓温为征西大将军、开府仪同三司,封临贺郡公"。录《世说新语·识鉴第七》第十六条刘孝标注引《嘉别传》:"(孟嘉)后为征西桓温参军,九月九日(桓)温游龙山,参寮毕集,时佐史并著戎服,风吹嘉帽堕落,温戒左右勿言,以观其举止。嘉初不觉,良久如厕,命取还之。令孙盛作文嘲之,成,箸嘉坐。嘉还即答,四坐嗟叹。"明确"龙山落帽"故事发生在 348 年重阳日。按字面理解,似乎无可置疑。但结合《孟府君传》全文仔细分析,也存在一些疑点:一是"后为征西桓温参军"一句,有两种理解。一种是 348 年8 月桓温任征西大将军后,孟嘉入桓温军幕任参军。另一种理解是桓温任安西将军、荆州刺史时,孟嘉已为参军。桓温任征西大将军后,继续任参军。这种省略前面任职经历的表述方法,在史书中比较常见。比如《资治通鉴》记载,晋穆帝永和二年十一月,安西将军桓温"帅益州刺史周抚,南郡太守谯王无忌伐汉,拜表即行"。永和三年三月,"留参军孙盛、周楚将羸兵守辎重,温自将步卒直指成都。楚,抚之子也"。这里明确孙盛和周楚都是安西将军桓温的参军。而《晋书·周楚传》则记载:"楚字元孙。起家参征西军事,从父入蜀,拜鹰扬将军,犍为太守。"可见,孟嘉在桓温任征西大将军前,已在桓温军幕任职,是完全有可能的。也就是说"龙山落帽"故事有可能发生在永和四年前。

二是孟嘉"脚疾"期间,难以到千里之外的会稽赴义。陶渊明写其外公孟嘉的九则故事,是按照事件发生的先后顺序记述的。"龙山落帽"故事发生后,孟嘉奉命赴京,"奉使京师,除尚书删定郎,不拜。孝宗穆皇帝闻其名,赐见东堂,君辞以脚疾,不任拜起,诏使人扶入"。孟嘉被任命为尚书删定郎,他没有接受任命。晋穆帝司马聃闻知孟嘉其名,要亲自召见他,孟嘉以脚疾为由推辞不去,结果皇帝还是下诏命人将他扶入东堂相见。可见,当时孟嘉的脚疾已经相当严重,需要人搀扶行走。如果"龙山落帽"故事发生在 348 年,那么,孟嘉从京城返回荆州后,怎么可能马上到千里之外的会稽吊丧?而许询在浦阳江行船时看到的孟嘉分明气宇不凡,健步如飞,完全没有一点病态。两相对照,仔细辨析,只有一种可能,那就是"龙山落帽"与"会稽赴义"两件事不是发生在同一年。

三是从孟嘉对龙山情有独钟看,他在桓温军幕并非短暂栖身。"门无杂宾,尝会神情独得,便超然命驾,径之龙山,顾景酣宴,造夕乃归。"龙山位于江陵西北十二公里,从《孟府君传》看,孟嘉每当内心有感触体悟,便会驾车赴龙山顾影痛饮。这种情况并非偶然出现,而是经常发生。如果孟嘉是从桓温任征西大将军后才进军幕任职,又经过"龙山落帽""奉命赴京""会稽赴义"等事件,时间早已到了冬天,北风凛冽,还有什么心思驾车到十二公里外的龙山顾影独饮?这种场景只有出现在风和日丽的春天或秋高气爽的时节。逯钦立《陶渊明集》注释:"孟嘉长期为桓温僚佐,最后任其长史。"这正好印证本文孟嘉在桓温幕府并非短暂栖身的观点。至于孟嘉在桓温府有几年,具体我们不得而知,但有一点可以肯定,即从永和三年(347)下半年始,孟嘉已在桓温幕府。

我们再来看一下桓温的情况。桓温后期虽然想通过北伐,恢复声望,伺机夺取晋室。但他在掌权期间,整顿吏治、抑制兼并、推行土断、改善教育、重视人才等也是不争的事实。特别是在选拔人才方面,能做到广纳士人,任贤使能。他先后推荐拜访隐逸之士:孟陋、谯秀、瞿硎先生;辟举寒门士人车胤和中级士族子弟习凿齿为自己的从事;对高门士族中贤达有才干的士人,数次征召,如谢安。对新征服地区有才干的士人,也不计前嫌,予以重用。如平蜀后将成汉旧臣王誓、王瑜、邓定、常璩等人辟为参军。[①] 鼎盛时期,桓温幕府

---

① 房玄龄等:《晋书》,中华书局 1974 年版,第 2569 页。

人才济济，范汪、王坦之、谢安、郗超、刘耽、孙盛、周楚、王徽之、顾恺之等都先后在桓府任过职。孟嘉是盛德之人，早年又在庾亮、庾翼府上任职。对孟嘉的品行，桓温不会不知。永和三年（347）四月，桓温平蜀得胜回江陵，论功行赏、扩充军队、招揽人才，忙得不亦乐乎。在这种情况下，孟嘉被桓温辟为参军，是很自然的事。

据史料记载，桓温每当出征得胜，或有得意之作时，往往会设席宴请宾客僚属。席间，他即兴演讲，吟诗歌诵，尽显文人风采。《世说新语》记有他的二则故事。其一，《世说新语·豪爽第十三》第八条："桓宣武平蜀，集参僚置酒于李势殿，巴、蜀缙绅，莫不来萃。桓既素有雄情爽气，加尔日音调英发，叙古今成败由人，存亡系才。其状磊落，一坐叹赏。既散，诸人追味余言。"其二，《世说新语·言语第二》第八十五条："桓征西治江陵城甚丽，会宾僚出江津望之，云：'若能目此城者有赏。'顾长康时为客，在坐，目曰：'遥望层城，丹楼如霞。'桓即赏以二婢。"平蜀得胜，这是桓温的高光时刻。此时，重阳日在龙山举行宴集合情合理。另外，从桓温在席间让孙盛写文嘲笑孟嘉一事看，也说明孟嘉刚到桓府不久，桓温想趁机考察一番。

综上所述，我们有理由相信，"龙山落帽"的故事应该发生在永和三年（347）重阳日。

三、正旦大会

> 太傅河南褚裒,简穆有器识,时为豫章太守,出朝宗亮,正旦大会州府人士,率多时彦,君坐次甚远。裒问亮:"江州有孟嘉,其人何在?"亮云:"在坐,卿但自觅。"裒历观,遂指君谓亮曰:"将无是耶?"亮欣然而笑,喜裒之得君,奇君为裒之所得,乃益器焉。

这是陶渊明在《孟府君传》中记述孟嘉的另一则故事,描述了孟嘉的非凡风度和褚裒慧眼识才的聪明才智。

褚裒(303—350),康献皇后褚蒜子之父。因平定苏峻之乱有功,封都乡亭侯,迁司徒从事中郎,给事黄门侍郎。因时任琅邪王的康帝司马岳聘娶女儿褚蒜子为妃,出任豫章太守。

庾亮(289—340),明穆皇后庾文君之兄。早年被琅邪王司马睿召为西曹掾,先后任丞相参军、中书郎等职。晋成帝司马衍即位后,庾太后临朝,庾亮以国舅擅权朝政。因执意征流民帅苏峻入京,造成苏峻之乱。乱事平定后,庾亮求外镇自效,出镇豫州刺史、领宣城内史。陶侃去世后,为征西将军、假节、都督江荆豫益梁雍六州诸军事、兼领江豫荆三州刺史,镇守武昌。庾亮任江州刺史时,征召孟嘉为其所部庐陵郡的从事。不久,又任命孟嘉为劝学从事。

据《资治通鉴》记载,陶侃于咸和九年(334)六月去世后,庾亮于同月任江豫荆三州刺史,镇守武昌。咸康四年(338)五月,征西将军庾亮为司空,离开武昌,庾亮在江州刺史任上有五年时间。又,咸康八年十二月,立妃褚氏为皇后,召豫章太守褚裒做侍中、尚书。褚裒因为自己是皇后的父亲,惧怕遭人猜忌,不愿意在宫中任职,请求外派,朝廷就任命他为建威将军、江州刺史,镇守半洲。从上述史料我们知道,庾亮和褚裒从咸和九年到咸康四年一直在江州,他们俩都是皇亲国戚,又是上下级关系(豫章郡属江州府管辖),感情笃定。咸康元年正月是庾亮到江州任上的第一个春节,庾亮的刺史身份,加上国舅的身份,可以想象州府人士为巴结庾亮到府上拜年的盛况。而庾亮趁机联络感情,宴请大家也是在情理之中。故暂定"正旦大会"发生在咸康元年正月初一。

附录一　诔传杂识

晋故征西大将军长史孟府君传

陶渊明

君讳嘉,字万年,江夏鄂人也。曾祖父宗,以孝行称,仕吴司空。祖父揖,元康中为庐陵太守。宗葬武昌新阳县,子孙家焉,遂为县人也。君少失父,奉母二弟居。娶大司马长沙桓公陶侃第十女,闺门孝友,人无能间,乡里称之。冲默有远量,弱冠,俦类咸敬之。同郡郭逊,以清操知名,时在君右,常叹君温雅平旷,自以为不及。逊从弟立,亦有才志,与君同时齐誉,每推服焉。由是名冠州里,声流京邑。太尉颍川庾亮,以帝舅民望,受分陕之重,镇武昌,并领江州。辟君部庐陵从事。下郡还,亮引见,问风俗得失。对曰:"嘉不知,还传当问从吏。"亮以麈尾掩口而笑。诸从事既去,唤弟翼语之曰:"孟嘉故是盛德人也。"君既辞出外,自除吏名,便步归家;母在堂,兄弟共相欢乐,怡怡如也。旬有余日,更版为劝学从事。时亮崇修学校,高选儒官,以君望实,故应尚德之举。太傅河南褚裒,简穆有器识,时为豫章太守,出朝宗亮,正旦大会州府人士,率多时彦,君坐次甚远。裒问亮:"江州有孟嘉,其人何在?"亮云:"在坐,卿但自觅。"裒历观,遂指君谓亮曰:

"将无是耶?"亮欣然而笑,喜衷之得君,奇君为衷之所得,乃益器焉。举秀才,又为安西将军庾翼府功曹,再为江州别驾、巴丘令、征西大将军谯国桓温参军。君色和而正,温甚重之。

九月九日,温游龙山,参佐毕集,四弟二甥咸在坐。时佐吏并著戎服,有风吹君帽堕落,温目左右及宾客勿言,以观其举止。君初不自觉,良久如厕,温命取以还之。廷尉太原孙盛,为谘议参军,时在坐,温命纸笔,令嘲之。文成示温,温以著坐处。君归,见嘲笑而请笔作答,了不容思。文辞超卓,四座叹之。奉使京师,除尚书删定郎,不拜。孝宗穆皇帝闻其名,赐见东堂,君辞以脚疾,不任拜起。诏使人扶入。

君尝为刺史谢永别驾。永,会稽人,丧亡,君求赴义,路由永兴。高阳许询,有隽才,辞荣不仕,每纵心独往,客居县界。尝乘船近行,适逢君过,叹曰:"都邑美士,吾尽识之,独不识此人。唯闻中州有孟嘉者,将非是乎?然亦何由来此?"使问君之从者。君谓其使曰:"本心相过,今先赴义,寻还就君。"及归,遂止信宿,雅相知得,有若旧交。还至,转从事中郎,俄迁长史。在朝陨然,仗正顺而已。门无杂宾,尝会神情独得,便超然命驾,径之龙山,顾景酣宴,造夕乃归。温从容谓君曰:"人不可无势,我乃能驾御卿。"后以疾终于家,年五十一。始自总发,至于知命,行不苟合,言无夸矜,未尝有喜温之容。好酣饮,逾多不乱。至于任怀得意,融然远寄,旁若无人。温尝问君:"酒有何好,而卿嗜之?"君笑而答曰:"明公但不得酒中趣尔。"又问听妓,丝不如竹,竹不如肉,答曰:"渐近自然。"中散大夫桂阳罗含,赋之曰:"孟生善酣,不愆其意。"光禄大夫南阳刘耽,昔与君同在温府,渊明从父太常夔尝问耽:"君若在,当已作公否?"答云:"此本是三司人。"为时所重如此。渊明先亲,君之第四女也。《凯风》寒泉之思,实钟厥心。谨按采行事,撰为此传。惧或乖谬,有亏大雅君子之德,所以战战兢兢,若履深薄云尔。

赞曰:孔子称:"进德修业,以及时也。"君清蹈衡门,则令闻孔昭,振缨公朝,则德音允集。道悠运促,不终远业,惜哉!仁者必寿,岂斯言之谬乎!

（李公焕《笺注陶渊明集》,卷之五,
上海涵芬楼藏元翻宋本,《四部丛刊》影印本 ）

陶征士诔并序

颜延年

　　夫璇玉致美，不为池隍之宝；桂椒信芳，而非园林之实。岂其深而好远哉？盖云殊性而已。故无足而至者，物之藉也；随踵而立者，人之薄也。若乃巢高之抗行，夷皓之峻节，故已父老尧禹，锱铢周汉，而绵世浸远，光灵不属，至使菁华隐没，芳流歇绝，不其惜乎！虽今之作者，人自为量，而首路同尘，辍涂殊轨者多矣。岂所以昭末景，泛余波！

　　有晋征士寻阳陶渊明，南岳之幽居者也。弱不好弄，长实素心。学非称师，文取指达。在众不失其寡，处言愈见其默。少而贫病，居无仆妾。井臼弗任，藜菽不给。母老子幼，就养勤匮。远惟田生致亲之议，追悟毛子捧檄之怀。初辞州府三命，后为彭泽令。道不偶物，弃官从好。遂乃解体世纷，结志区外，定迹深栖，于是乎远。灌畦鬻蔬，为供鱼菽之祭；织絇纬萧，以充粮粒之费。心好异书，性乐酒德，简弃烦促，就成省旷。殆所谓国爵屏贵，家人忘贫者与？有诏征为著作郎，称疾不到。春秋若干，元嘉四年月日，卒于寻阳县之某里。近识悲悼，远士伤情。冥默福应，呜呼淑贞！

夫实以诔华，名由谥高，苟允德义，贵贱何筭焉？若其宽乐令终之美，好廉克己之操，有合谥典，无愆前志。故询诸友好，宜谥曰"靖节征士"。其辞曰：

物尚孤生，人固介立，岂伊时遘，曷云世及？嗟乎若士，望古遥集。韬此洪族，蔑彼名级。睦亲之行，至自非敦。然诺之信，重于布言。廉深简洁，贞夷粹温。和而能峻，博而不繁。依世尚同，诡时则异。有一于此，两非默置。岂若夫子，因心违事。畏荣好古，薄身厚志。世霸虚礼，州壤推风。孝惟义养，道必怀邦。人之秉彝，不隘不恭。爵同下士，禄等上农。度量难钧，进退可限。长卿弃官，稚宾自免。子之悟之，何悟之辨？赋诗归来，高蹈独善。亦既超旷，无适非心。汲流旧巘，葺宇家林。晨烟暮霭，春煦秋阴。陈书缀卷，置酒弦琴。居备勤俭，躬兼贫病。人否其忧，子然其命。隐约就闲，迁延辞聘。非直也明，是惟道性。纠缠斡流，冥漠报施，孰云与仁？实疑明智。谓天盖高，胡愆斯义！履信曷凭，思顺何真？年在中身，疢维痁疾。视死如归，临凶若吉。药剂弗尝，祷祀非恤。傃幽告终，怀和长毕。呜呼哀哉！

敬述靖节，式尊遗占。存不愿丰，没无求赡。省讣却赙，轻哀薄敛。遭壤以穿，旋葬而窆。呜呼哀哉！

深心追往，远情逐化。自尔介居，及我多暇。伊好之洽，接阎邻舍。宵盘昼憩，非舟非驾。念昔宴私，举觞相诲。独正者危，至方则碍。哲人卷舒，布在前载。取鉴不远，吾规子佩。尔实愀然，中言而发。违众速尤，迕风先蹶。身才非实，荣声有歇。睿音永矣，谁箴余阙。呜呼哀哉！仁焉而终，智焉而毙。黔娄既没，展禽亦逝。其在先生，同尘往世。旌此靖节，加彼康惠。呜呼哀哉！

（萧统《文选》，卷五十七，上海古籍出版社 1986 年版）

宋书·陶潜传

沈　约

陶潜字渊明，或云渊明字元亮，寻阳柴桑人也。曾祖侃，晋大司马。潜少有高趣，尝著《五柳先生传》以自况，曰：

先生不知何许人，不详姓字，宅边有五柳树，因以为号焉。闲静少言，不慕荣利。好读书，不求甚解，每有会意，欣然忘食。性嗜酒，而家贫不能恒得。亲旧知其如此，或置酒招之，造饮辄尽，期在必醉。既醉而退，曾不吝情去留。环堵萧然，不蔽风日，短褐穿结，箪瓢屡空，晏如也。尝著文章自娱，颇示己志。忘怀得失，以此自终。

其自序如此，时人谓之实录。

亲老家贫，起为州祭酒，不堪吏职，少日，自解归。州召主簿，不就。躬耕自资，遂抱羸疾。复为镇军、建威参军。谓亲朋曰："聊欲弦歌，以为三径之资，可乎？"执事者闻之，以为彭泽令。公田悉令吏种秫稻，妻子固请种粳，乃使二顷五十亩种秫,五十亩种粳。郡遣督邮至,县吏白应束带见之。潜叹曰:"我不能为五斗米折腰向乡里小人!"即日解印绶去职。赋《归去来》。其词曰:

　　归去来兮,园田荒芜,胡不归。既自以心为形役,奚惆怅而独悲。悟已往之不谏,知来者之可追。实迷途其未远,觉今是而昨非。舟超遥以轻飏,风飘飘而吹衣。问征夫以前路,恨晨光之希微。

　　乃瞻衡宇,载欣载奔。僮仆欢迎,稚子候门。三径就荒,松菊犹存。携幼入室,有酒停尊。引壶觞而自酌,眄庭柯以怡颜。倚南窗而寄傲,审容膝之易安。园日涉而成趣,门虽设而常关。策扶老以流憩,时矫首而遐观。云无心以出岫,鸟倦飞而知还。景翳翳其将入,抚孤松以盘桓。

　　归去来兮,请息交而绝游。世与我以相遗,复驾言兮焉求。说亲戚之情话,乐琴书以消忧。农人告余以上春,将有事于西畴。或命巾车,或棹扁舟。既窈窕以穷壑,亦崎岖而经丘。木欣欣以向荣,泉涓涓而始流。善万物之得时,感吾生之行休。

　　已矣乎,寓形宇内复几时。奚不委心任去留,胡为遑遑欲何之。富贵非吾愿,帝乡不可期。怀良辰以孤往,或植杖而耘耔。登东皋以舒啸,临清流而赋诗。聊乘化以归尽,乐夫天命复奚疑。

义熙末，征著作佐郎，不就。江州刺史王弘欲识之，不能致也。潜尝往庐山，弘令潜故人庞通之赍酒具于半道栗里要之。潜有脚疾，使一门生二儿舁篮舆，既至，欣然便共饮酌，俄顷弘至，亦无忤也。先是，颜延之为刘柳后军功曹，在寻阳，与潜情款。后为始安郡，经过，日日造潜，每往必酣饮致醉。临去，留二万钱与潜，潜悉送酒家，稍就取酒。尝九月九日无酒，出宅边菊丛中坐久，值弘送酒至，即便就酌，醉而后归。潜不解音声，而畜素琴一张，无弦，每有酒适，辄抚弄以寄其意。贵贱造之者，有酒辄设，潜若先醉，便语客："我醉欲眠，卿可去。"其真率如此。郡将候潜，值其酒熟，取头上葛巾漉酒，毕，还复著之。

潜弱年薄宦，不洁去就之迹，自以曾祖晋世宰辅，耻复屈身后代，自高祖王业渐隆，不复肯仕。所著文章，皆题其年月，义熙以前，则书晋氏年号，自永初以来唯云甲子而已。与子书以言其志，并为训戒曰：

> 天地赋命，有往必终，自古贤圣，谁能独免。子夏言曰："死生有命，富贵在天。"四友之人，亲受音旨，发斯谈者，岂非穷达不可妄求，寿夭永无外请故邪。
>
> 吾年过五十，而穷苦荼毒，以家贫弊，东西游走。性刚才拙，与物多忤。自量为己，必贻俗患，僶俛辞世，使汝幼而饥寒耳。常感孺仲贤妻之言，败

絮自拥,何惭儿子。此既一事矣。但恨邻靡二仲,室无莱妇,抱兹苦心,良独罔罔。

少年来好书,偶爱闲静,开卷有得,便欣然忘食。见树木交荫,时鸟变声,亦复欢尔有喜。尝言五六月北窗下卧,遇凉风暂至,自谓是羲皇上人。意浅识陋,日月遂往,缅求在昔,眇然如何。

疾患以来,渐就衰损,亲旧不遗,每以药石见救,自恐大分将有限也。恨汝辈稚小,家贫无役,柴水之劳,何时可免,念之在心,若何可言。然虽不同生,当思四海皆兄弟之义。鲍叔、敬仲,分财无猜,归生、伍举,班荆道旧。遂能以败为成,因丧立功。他人尚尔,况共父之人哉。颍川韩元长,汉末名士,身处卿佐,八十而终,兄弟同居,至于没齿。济北汜稚春,晋时操行人也,七世同财,家人无怨色。诗云:"高山仰止,景行行止。"汝其慎哉! 吾复何言。

又为《命子》诗以贻之曰:

悠悠我祖,爰自陶唐。邈为虞宾,历世垂光。御龙勤夏,豕韦翼商。穆穆司徒,厥族以昌。

纷纷战国,漠漠衰周。凤隐于林,幽人在丘。逸虬挠云,奔鲸骇流。天集有汉,眷予愍侯。

於赫愍侯,运当攀龙。抚剑夙迈,显兹武功。

参誓山河,启土开封。叠叠丞相,允迪前踪。

　浑浑长源,蔚蔚洪柯。群川载导,众条载罗。
时有默语,运固隆污。在我中晋,业融长沙。

　桓桓长沙,伊勋伊德。天子畴我,专征南国。
功遂辞归,临宠不惑。孰谓斯心,而可近得。

　肃矣我祖,慎终如始。直方二台,惠和千里。
於皇仁考,淡焉虚止。寄迹凤运,冥兹愠喜。

　嗟余寡陋,瞻望靡及。顾惭华鬓,负景只立。
三千之罪,无后其急。我诚念哉,呱闻尔泣。

　卜云嘉日,占尔良时。名尔曰俨,字尔求思。
温恭朝夕,念兹在兹。尚想孔伋,庶其企而。

　厉夜生子,遽而求火。凡百有心,奚待于我。
既见其生,实欲其可。人亦有言,斯情无假。

　日居月诸,渐免于孩。福不虚至,祸亦易来。
夙兴夜寐,愿尔斯才。尔之不才,亦已焉哉!

潜元嘉四年卒,时年六十三。

　　　　(沈约《宋书》,卷九十三,中华书局1974年版)

陶渊明传

萧　统

陶渊明，字元亮。或云潜，字渊明。浔阳柴桑人也。曾祖侃，晋大司马。渊明少有高趣，博学善属文，颖脱不群，任真自得，尝著《五柳先生传》以自况，曰：

先生不知何许人也，亦不详姓字，宅边有五柳树，因以为号焉。闲静少言，不慕荣利。好读书，不求甚解，每有会意，欣然忘食。性嗜酒，而家贫不能恒得。亲旧知其如此，或置酒招之，造饮辄尽，期在必醉。既醉而退，曾不吝情去留。环堵萧然，不蔽风日，短褐穿结，箪瓢屡空，晏如也。尝著文章自娱，颇示己志。忘怀得失，以此自终。

时人谓之实录。

亲老家贫，起为州祭酒，不堪吏职，少日自解归。州召主簿，不就。躬耕自资，遂抱羸疾。江州刺史檀道济往候之，偃卧瘠馁有日矣。道济谓曰："贤者处世，天下无道则隐，有道则至，今子生文明之世，奈何自苦如此？"对曰："潜也何敢望贤，志不及也。"道济馈以粱肉，麾而去之。

后为镇军、建威参军。谓亲朋曰："聊欲弦歌以为三径之资，可乎？"执事者闻之，以为彭泽令。不以家累自随，送一力给其子，书曰："汝旦夕之费，自给为难，今遣此力，助汝薪水之劳。此亦人子也，可善遇之。"公田悉令吏种秫，曰："吾常得醉于酒足矣。"妻子固请种粳，乃使二顷五十亩种秫，五十亩种粳。岁终，会郡遣督邮至，县吏请曰："应束带见之。"渊明叹曰："我岂能为五斗米折腰，向乡里小儿！"即日解绶去职，赋《归去来》。征著作郎，不就。

江州刺史王弘欲识之，不能致也。渊明尝往庐山，弘命渊明故人庞通之赍酒具，于半道栗里之间邀之。渊明有脚疾，使一门生二儿舁篮舆，既至，欣然便共饮酌。俄顷弘至，亦无迕也。先是，颜延之为刘柳后军功曹，在浔阳与渊明情款，后为始安郡，经过浔阳，日造渊明饮焉。每往，必酣饮致醉。弘欲邀延之坐，弥日不得。延之临去，留二万钱与渊明。渊明悉遣送酒家，稍就取酒。尝九月九日出宅边菊丛中坐，久之，满手把菊。忽值弘送酒至，即便就酌，醉而归。渊明不解音律，而蓄无弦琴一张，每酒适，辄抚弄以寄其意。贵贱造之者，有酒辄设。渊明若先醉，便语客："我醉欲眠，卿可去。"其真率如此。郡将常候之，值其酿熟，取头上葛巾漉酒，漉毕，还复著之。

时周续之入庐山事释慧远，彭城刘遗民亦遁迹匡山，渊明又不应征命,谓之"浔阳三隐"。后刺史檀韶苦请续之出州,与学士祖企、谢景夷三人共在城北讲礼,加以雠校。所住公廨,近于马队。是故渊明示其诗云:"周生述孔业,祖谢响然臻。马队非讲肆,校书亦已勤。"

其妻翟氏亦能安勤苦,与其同志。自以曾祖晋世宰辅,耻复屈身后代,自宋高祖王业渐隆,不复肯仕。元嘉四年将复征命,会卒,时年六十三,世号靖节先生。

(李公焕《笺注陶渊明集》,

上海涵芬楼藏元翻宋本,《四部丛刊》影印本)

《陶渊明集》序

萧　统

　　夫自炫自媒者，士女之丑行；不忮不求者，明达之用心。是以圣人韬光，贤人遁世。其故何也？含德之至，莫逾于道；亲己之切，无重于身。故道存而身安，道亡而身害。处百龄之内，居一世之中，倏忽比之白驹，寄寓谓之逆旅，宜乎与大块而荣枯，随中和而任放，岂能戚戚劳于忧畏，汲汲役于人间。齐讴赵舞之娱，八珍九鼎之食，结驷连镳之游，侈袂执圭之贵，乐则乐矣，忧亦随之。何倚伏之难量，亦庆吊之相及。智者贤人居之，甚履薄冰；愚夫贪士竞此，若泄尾闾。玉之在山，以见珍而招破；兰之生谷，虽无人而犹芳。庄周垂钓于濠，伯成躬耕于野，或货海东之药草，或纺江南之落毛。譬彼鹓雏，岂竞鸢鸱之肉；犹斯杂县，宁劳文仲之牲！至如子常、宁喜之伦，苏秦、卫鞅之匹，死之而不疑，甘之而不悔。主父偃曰："生不五鼎食，死即五鼎烹。"卒如其言，亦可痛矣！又有楚子观周，受折于孙满；霍侯骖乘，祸起于负芒。饕餮之徒，其流甚众。唐尧四海之主，而有汾阳之心；子晋天下之储，而有洛滨之志。轻之若脱履，视之若鸿毛，而况于他乎！

是以圣人达士，因以晦迹。或怀玉而谒帝，或披裘而负薪，鼓楫清潭，弃机汉曲。情不在于众事，寄众事以忘情者也。

有疑陶渊明之诗，篇篇有酒。吾观其意不在酒，亦寄酒为迹也。其文章不群，词采精拔，跌荡昭章，独起众类，抑扬爽朗，莫之与京。横素波而傍流，干青云而直上。语时事则指而可想，论怀抱则旷而且真。加以贞志不休，安道苦节，不以躬耕为耻，不以无财为病，自非大贤笃志，与道污隆，孰能如此者乎！余爱嗜其文，不能释手，尚想其德，恨不同时。故更加搜求，粗为区目。白璧微瑕者，惟在《闲情》一赋，杨雄所谓劝百而讽一者，卒无讽谏，何必摇其笔端？惜哉，亡是可也。并粗点定其传，编之于录。

尝谓有能读渊明之文者，驰竞之情遣，鄙吝之意祛，贪夫可以廉，懦夫可以立，岂止仁义可蹈，爵禄可辞！不劳复傍游太华，远求柱史，此亦有助于风教尔。

（萧统《梁昭明太子文集》，卷四，乌程许氏藏明辽府刊本，《四部丛刊》影印本）

晋书·陶潜传（节选）

房玄龄等

陶潜，字元亮，大司马侃之曾孙也。祖茂，武昌太守。潜少怀高尚，博学善属文，颖脱不羁，任真自得，为乡邻之所贵。尝著《五柳先生传》以自况曰：

> 先生不知何许人，不详姓字，宅边有五柳树，因以为号焉。闲静少言，不慕荣利。好读书，不求甚解，每有会意，欣然忘食。性嗜酒，而家贫不能恒得。亲旧知其如此，或置酒招之，造饮必尽，期在必醉，既醉而退，曾不吝情。环堵萧然，不蔽风日，短褐穿结，箪瓢屡空，晏如也。常著文章自娱，颇示己志，忘怀得失，以此自终。

其自序如此，时人谓之实录。

以亲老家贫，起为州祭酒，不堪吏职，少日自解归。州召主簿，不就，躬耕自资，遂抱羸疾。复为镇军、建威参军，谓亲朋曰："聊欲弦歌，以为三径之资可乎？"执事者闻之，以为彭泽令。在县公田悉令种秫谷,曰:"令吾常醉于酒足矣。"妻子固请种粳,乃使一顷五十亩种粳,五十亩种秫。素简贵,不私事上官。郡遣督邮至县,吏白应束带见之。潜叹曰:"吾不能为五斗米折腰,拳拳事乡里小人邪!"义熙二年,解印去县,乃赋《归去来》。其辞曰:

归去来兮,田园将芜,胡不归?既自以心为形役,奚惆怅而独悲?悟已往之不谏,知来者之可追。实迷途其未远,觉今是而昨非。舟遥遥以轻飏,风飘飘而吹衣,问征夫以前路,恨晨光之希微。乃瞻衡宇,载欣载奔,僮仆来迎,稚子候门。三径就荒,松菊犹存。携幼入室,有酒盈樽。引壶觞以自酌,眄庭柯以怡颜,倚南窗以寄傲,审容膝之易安。园日涉而成趣,门虽设而常关;策扶老而流憩,时翘首而遐观。云无心而出岫,鸟倦飞而知还;景翳翳其将入,抚孤松而盘桓。

归去来兮,请息交以绝游,世与我而相遗,复驾言兮焉求!悦亲戚之情话,乐琴书以消忧。农人告余以暮春,将有事乎西畴。或命巾车,或棹孤舟,既窈窕以寻壑,亦崎岖而经丘。木欣欣以向荣,泉涓涓而始流,善万物之得时,感吾生之行休。

已矣乎!寓形宇内复几时,曷不委心任去留,胡为乎遑遑欲何之?富贵非吾愿,帝乡不可期。怀

良晨以孤往，或植杖而芸耔，登东皋以舒啸，临清流
而赋诗；聊乘化而归尽，乐夫天命复奚疑！

顷之，征著作郎，不就。既绝州郡觐谒，其乡亲张野及周
旋人羊松龄、宠遵等或有酒要之，或要之共至酒坐，虽不识主
人，亦欣然无忤，酣醉便反。未尝有所造诣，所之唯至田舍及
庐山游观而已。

刺史王弘以元熙中临州，甚钦迟之，后自造焉。潜称疾
不见，既而语人云："我性不狎世，因疾守闲，幸非洁志慕声，
岂敢以王公纡轸为荣邪！夫谬以不贤，此刘公幹所以招谤
君子，其罪不细也。"弘每令人候之，密知当往庐山，乃遣其
故人庞通之等赍酒，先于半道要之。潜既遇酒，便引酌野
亭，欣然忘进。弘乃出与相见，遂欢宴穷日。潜无履，弘顾
左右为之造履。左右请履度，潜便于坐申脚令度焉。弘要
之还州，问其所乘，答云："素有脚疾，向乘篮舆，亦足自反。"
乃令一门生二儿共轝之至州，而言笑赏适，不觉其有羡于华
轩也。弘后欲见，辄于林泽间候之。至于酒米乏绝，亦时
相赡。

其亲朋好事，或载酒肴而往，潜亦无所辞焉。每一醉，则
大适融然。又不营生业，家务悉委之儿仆。未尝有喜愠之
色，惟遇酒则饮，时或无酒，亦雅咏不辍。尝言夏月虚闲，高
卧北窗之下，清风飒至，自谓羲皇上人。性不解音，而畜素琴
一张，弦徽不具，每朋酒之会，则抚而和之，曰："但识琴中趣，

何劳弦上声。"以宋元嘉中卒,时年六十三,所有文集并行于世。

(房玄龄等《晋书》,卷九十四,中华书局 1974 年版)

南史·陶潜传

李延寿

陶潜字渊明,或云字深明,名元亮。寻阳柴桑人,晋大司马侃之曾孙也。少有高趣,宅边有五柳树,故尝著《五柳先生传》云:

> 先生不知何许人,不详姓字。闲静少言,不慕荣利。好读书,不求甚解,每有会意,欣然忘食。性嗜酒,而家贫不能恒得。亲旧知其如此,或置酒招之,造饮辄尽,期在必醉。既醉而退,曾不吝情去留。环堵萧然,不蔽风日,短褐穿结,箪瓢屡空,晏如也。常著文章自娱,颇示己志。忘怀得失,以此自终。

其自序如此,盖以自况,时人谓之实录。

亲老家贫,起为州祭酒,不堪吏职,少日自解而归。州召主簿,不就。躬耕自资,遂抱羸疾。江州刺史檀道济往候之,偃卧瘠馁有日矣。道济谓曰:"夫贤者处世,天下无道则隐,有道则至。今子生文明之世，奈何自苦如此？"对曰："潜也何敢望贤，志不及也。"道济馈以粱肉，麾而去之。

后为镇军、建威参军。谓亲朋曰："聊欲弦歌，以为三径之资，可乎？"执事者闻之，以为彭泽令。不以家累自随，送一力给其子，书曰："汝旦夕之费，自给为难，今遣此力，助汝薪水之劳。此亦人子也，可善遇之。"公田悉令吏种秫稻，妻子固请种粳，乃使二顷五十亩种秫，五十亩种粳。

郡遣督邮至，县吏白应束带见之，潜叹曰："我不能为五斗米，折腰向乡里小人。"即日解印绶去职，赋《归去来》，以遂其志，曰：

归去来兮，田园将芜胡不归？既自以心为形役，奚惆怅而独悲。悟已往之不谏，知来者之可追。实迷途其未远，觉今是而昨非。舟遥遥以轻飏，风飘飘而吹衣。问征夫以前路，恨晨光之熹微。

乃瞻衡宇，载欣载奔。僮仆欢迎，稚子候门。三径就荒，松菊犹存。携幼入室，有酒盈樽。引壶觞而自酌，眄庭柯以怡颜。倚南窗而寄傲，审容膝之易安。园日涉而成趣，门虽设而常关。策扶老以流憩，时矫首而遐观。云无心以出岫，鸟倦飞而知还。景翳翳其将入，抚孤松以盘桓。

归去来兮，请息交而绝游。世与我而相遗，复驾言兮焉求。悦亲戚之情话，乐琴书以消忧。农人告余以春及,将有事于西畴。或命巾车,或棹扁舟。既窈窕以穷壑,亦崎岖而经丘。木欣欣以向荣,泉涓涓而始流。善万物之得时,感吾生之行休。

已矣乎,寓形宇内复几时。曷不委心任去留,胡为遑遑欲何之?富贵非吾愿,帝乡不可期。怀良辰以孤往,或植杖而芸耔。登东皋以舒啸,临清流而赋诗。聊乘化以归尽,乐夫天命复奚疑。

义熙末,征为著作佐郎,不就。江州刺史王弘欲识之,不能致也。潜尝往庐山,弘令潜故人庞通之赍酒具,于半道栗里要之。潜有脚疾,使一门生二儿举篮舆,及至,欣然便共饮酌。俄顷弘至,亦无忤也。

先是颜延之为刘柳后军功曹,在寻阳与潜情款。后为始安郡,经过潜,每往必酣饮致醉。弘欲要延之一坐,弥日不得。延之临去,留二万钱与潜,潜悉送酒家,稍就取酒。尝九月九日无酒,出宅边菊丛中坐,久之,逢弘送酒至,即便就酌,醉而后归。

潜不解音声,而畜素琴一张,每有酒适,辄抚弄以寄其意。贵贱造之者,有酒辄设,潜若先醉,便语客:"我醉欲眠,卿可去。"其真率如此。郡将候潜,逢其酒熟,取头上葛巾漉酒,毕,还复著之。潜弱年薄宦,不洁去就之迹。自以曾祖晋世宰辅,耻复屈身后代,自宋武帝王业渐隆,不复肯仕。所著文章,皆题其年月。义熙以前,明书晋氏年号,自永初以来,唯云甲子而已。与子书以言其志，并为训戒曰：

> 吾年过五十，而穷苦荼毒，性刚才拙，与物多忤。自量为已，必贻俗患，俛俛辞事，使汝幼而饥寒耳。常感孺仲贤妻之言，败絮自拥，何惭儿子。此既一事矣。但恨邻靡二仲，室无莱妇，抱兹苦心，良独罔罔。
>
> 少来好书，偶爱闲靖，开卷有得，便欣然忘食。见树木交荫，时鸟变声，亦复欢尔有喜。尝言五六月北窗下卧，遇凉风暂至，自谓是羲皇上人。意浅识陋，日月遂往，疾患以来，渐就衰损，亲旧不遗，每有药石见救，自恐大分将有限也。汝辈幼小，家贫无役，柴水之劳，何时可免？念之在心，若何可言。然虽不同生，当思四海皆兄弟之义。鲍叔、敬仲，分财无猜；归生、伍举，班荆道旧。遂能以败为成，因丧立功。他人尚尔，况共父之人哉。颍川韩元长，汉末名士，身处卿佐，八十而终，兄弟同居，至于没齿。济北氾幼春，晋时操行人也，七世同财，家人无怨色。诗云"高山景行"，汝其慎哉。

又为《命子》诗以贻之。

元嘉四年，将复征命，会卒。世号靖节先生。其妻翟氏，志趣亦同，能安苦节，夫耕于前，妻锄于后云。

（李延寿《南史》，卷七十五，中华书局1975年版）

莲社高贤传·陶潜传

佚　名

　　陶潜字渊明,晋大司马侃之曾孙。少怀高尚,著《五柳先生传》以自况,时人以为实录。初为建威将军,谓亲朋曰:"聊欲弦歌,为三径之资。"执事者闻之,以为彭泽令。郡遣督邮至,县吏白应束带见之。潜叹曰:"吾不能为五斗米,折腰拳拳事乡里小儿。"即解印去县,乃赋《归去来》。及宋受禅,自以晋世宰辅之后,耻复屈身异代。居浔阳柴桑,与周续之、刘遗民并不应辟命,世号"浔阳三隐"。尝言夏月虚闲,高卧北窗之下,清风飒至,自谓羲皇上人。性不解音,畜素琴一张,弦徽不具。每朋酒之会,则抚而扣之,曰:"但识琴中趣,何劳弦上声。"尝往来庐山,使一门生二儿舁篮舆以行。时远法师与诸贤结莲社,以书招渊明。渊明曰:"若许饮则往。"许之,遂造焉。忽攒眉而去。宋元嘉四年卒,世号靖节先生。

　　(陶宗仪《说郛》,卷五十七下,文渊阁《四库全书》影印本)

附录二 陶氏宗谱节录

彭泽定山陶氏宗谱（节录）

定山陶氏宗谱近年发现于江西彭泽县。据"宗谱目次"，除卷首之外，另有宗谱十九卷，无从知其下落。据"历代修谱人名"，修谱者有"晋渊明公，著有世系入首，即命子俨诗。唐思谦公，手笔世系全帙。宋严华公，续修家谱全卷"。后于明万历三十八年庚戌（1610）、清顺治丙申（1656）、康熙三十四年（1695）、乾隆十年（1745）、乾隆四十一年（1776）、嘉庆七年（1802）、道光三年（1823）、道光二十四年（1844）、同治四年（1865）、光绪三十三年（1907）、民国十七年（1928）多次重修。此谱主要内容有：远祖纪略、本宗迁居、各支分迁、先代事实、先代遗迹、祖遗图券、祖遗家训、祖遗格言等。现节录其"本宗老系"：

第一世侃，字士行，生于汉后帝延熙十三年（250）辛未五月十八日。夫人龚氏生于汉后帝景耀四年（261）壬午六月十七日，殁于晋惠帝光熙元年（306）甲子十月十七日，葬江州绎山。续娶韩氏。妻妾凡十五。生子十七，曰洪、瞻、夏、琦、茂、斌、范、岱、称，余皆早世。第十女适长史孟嘉。公性聪明英断，严密忠勤。少孤力学，佩服母训，卒成大器。历事有晋惠、怀、愍、元、明、成，凡六主。自小吏、县令，迁太守、刺史、八州都督、征西大将军、侍中太尉、大司马。尤长于用兵，独久于外镇；布泽怀边，尽忠匡主，讨平逆乱，兴复沦鼎，屡建大勋，进爵长沙公，食邑六千三百户。在军四十一年，励志勤力，未尝少懈，检摄众事，罔有遗漏。恭而近礼，崇尚名教，常以勤敏礼法戒谕吏民，力矫当时沉湎清谈之弊，实晋代中流之砥柱也。晚年以盈满自惧，屡欲告老，吏民苦留之。至成帝咸和九年（334）甲午，始以疾上表辞位。六月初三日，公薨，享年八十有四。敕葬绎山，与龚夫人合墓。追封长沙王，谥曰桓。洪为荆州参军。瞻任广陵、庐江二府太守，迁散骑常侍。苏峻反，公死难，谥曰愍悼，世称为陶三相公。生子二，曰宏、曰安。宏任光禄勋。宏子延寿袭长沙公。夏以太尉功封都亭侯。琦为司空掾。旗任散骑常侍，封郴县开国伯，生子空，空生应寿。斌官至尚书。范为光禄勋。岱任散骑常侍。称任南平太守、南蛮校尉加威武将军。

第二世茂。侃公第七子，行量二，字梅九。生于晋怀帝永嘉二年（308）戊辰九月十六日。娶朱氏，生于晋怀帝永嘉三年己巳十月十六日。生子三，曰淡、敏、实。女一适罗遵生。公任武昌太守。卒于晋孝武太元三年（378）戊寅十月二十日。夫人卒于晋孝武宁康三年（375）乙亥八月十四日。淡字处寂，妻死不婚，结庐湘中，号白鹿先生，从祀乡贤。实字由中，生子敬远，敬远生绸，绸生九相公。

第三世敏。茂公次子,行宽七。字奉义。生于晋康帝建元元年(343)癸卯九月二十六日。娶长史孟嘉之第四女,生于晋成帝咸康六年(340)庚子六月十七日。生子一,曰渊明。公任姿城太守,卒于刘宋武帝永初三年(422)壬戌十月二十八日,葬于兹山。夫人卒于晋安帝隆安五年(401)辛丑十一月十八日,与公合墓。

第四世渊明。敏公之子,字元亮。生于晋哀帝兴宁三年(365)乙丑六月十五日午时。娶翟氏、陈氏。生子五,曰:俨、俟、份、佚、佟。公天性忠孝,外和内刚,少有高趣,安贫好学。文则跌宕爽朗,诗则冲澹有味。心存用世而进退必严,不合则去,未尝以穷通为欣戚。尝为州祭酒、镇军参军,皆不久解归;后征主簿,不就。义熙年间,始应召为彭泽令,不以家属相随。后见晋益微弱,刘裕跋扈狡黠,必谋篡逆,身为晋室勋旧之裔,耻事二姓,欲先去之。适督邮至,吏请束带相见,遂托为不能为五斗(以下残缺)年号,征为著作郎,固辞不就。独为有晋完人,大节与夷齐并高。殁于刘宋文帝元嘉四年(427)丁卯十月十一日。士大夫慕之,称为靖节先生。翟母生于晋哀帝隆和元年(362)壬戌七月十八日,亦能与公同志,安于勤苦,终始如一。卒于刘宋文帝元嘉十年癸酉十月初四日。公与姁合葬于德化县楚城乡鹿子坂面阳山。

（引自龚斌《陶渊明集校笺》）

都昌西源陶氏宗谱（节录）

　　江西都昌县西源陶氏系陶渊明长子俨繁衍而来。据康熙五十六年丁酉（1717）重修谱序，此谱是在江西湖口一"重修家牒"的基础上增补而成，后于嘉庆元年丙辰（1796）续修。现存谱乃道光五年乙酉（1825）重修，藏于都昌县西源陶家边村某陶氏后裔处。其目录为谱序、凡例、原委、谱引、家训、葛巾漉酒图、李太白诗赞、靖节墓山图、先公祠屋等。现节录该谱卷一"首竹湖老系"部分：

　　第一世同。行启一，汉末避乱居江东。生于光和三年（180）庚申六月十九日亥时。娶陆氏，生于光和二年己未六月十一日巳时，生子曰丹。公殁于延熙十二年（249）己巳十月十七日。姓殁于延熙十四年辛未二月十六日。夫妇合葬庐山西源。

　　第二世丹。同公之子，行青二。生东汉建安十八年（213）癸巳八月初七日丑时，为吴太子舍人，封扬武将军，加封柴桑侯，赠太师，追封庆国公。娶新淦湛氏，生子曰湛。公殁晋元康元年（291）辛亥十月廿八日，享寿七十有九。葬浔阳鹤问湖仙居乡兴良社。唐敕禁樵采。洪武间官役居民危德看守，永免差役，都为立庙以祀之。夫人湛氏御葬鄱阳牛冈嘴牛眠地，有碑存志，追封庆国夫人。尝截发延宾，世称贤母。详贤母传。

第三世侃。丹公之子，字士行。生汉景耀二年（259）己卯。都督荆、江、雍、梁、淮、广、益、宁八州刺史、中书令、太尉，御赐剑履上殿，封长沙公。娶龚氏，继娶十五妻，生子十七。长曰洪，次瞻，三夏，四琦，五旗，六宏，七斌，八茂，九称，十范，十一岱。俱见旧史，余无考。女适征西大将军长史孟嘉。公薨东晋咸和九年（334）甲午，享寿七十六，追赠大司马，谥曰桓。康帝思公有宏济艰难之勋，敕葬国南二十里。谥曰长沙英佑王。夫人龚氏封益国夫人。

第四世茂。侃公八子，行量三，任武昌太守，生晋元帝永昌元年（322）壬午十月初五日申时。娶周访女，生于太宁二年（324）甲申四月十二日未时。生子二，长曰敏，幼曰夔。公殁于太元十一年（386）丙戌。妣殁于隆安三年（399）己亥。公妣合葬先原山。

第五世敏。茂公长子，字凤义，行宽七，任姿城太守，生晋康帝建元二年（344）甲辰六月初十日巳时。娶孟嘉第四女，生于永和三年（347）丁未七月十一日寅时。生子三，长恂之，次熙之，幼渊明。公殁于义熙十四年（418）戊午四月初三日，妣殁于永初元年（420）辛酉十月廿二日。公妣俱葬锡类山。

第六世渊明。字元亮，宅边有五柳，因号五柳先生。生晋兴宁三年（365）乙丑九月初八日子时，初为州祭酒，不久辞归。召主簿不就，后为彭泽令。在官八十余日，赋归去来辞。自以世为晋臣，耻屈身刘裕，拒宋征召，改名曰潜。娶陈氏、翟氏。生子五，长俨、次俟、三份、四佚、五佟。公殁于元嘉四年（427）丁卯九月十五日，享寿六十有三，谥靖节先生，世祀彭泽。葬德化县楚城乡面阳山。陈姒殁于元嘉十一年甲戌十月十九日，与夫合葬面阳山。翟姒殁于元嘉丙子年八月初十日，葬面阳山。

（引自龚斌《陶渊明集校笺》）

主要参考书目

〔汉〕司马迁:《史记》,中华书局 2006 年版

〔汉〕班固:《汉书》,中华书局 2007 年版

〔宋〕范晔:《后汉书》,中华书局 2007 年版

〔晋〕陈寿:《三国志》,〔宋〕裴松之注,中华书局 2006 年版

〔宋〕司马光:《资治通鉴》,中华书局 2007 年版

〔南北朝〕沈约:《宋书》,中华书局 1974 年版

〔唐〕房玄龄等:《晋书》,中华书局 1974 年版

〔南北朝〕魏收:《魏书》,中华书局 1974 年版

〔唐〕姚思廉:《梁书》,中华书局 1973 年版

〔唐〕李延寿:《南史》,中华书局 1975 年版

〔唐〕李延寿:《北史》,中华书局 1974 年版

〔唐〕魏徵等:《隋书》,中华书局 1973 年版

〔唐〕许嵩:《建康实录》,张忱石点校,中华书局 1986 年版

〔南北朝〕萧统:《文选》,〔唐〕李善注,中华书局 1977 年版

〔南北朝〕释慧皎:《高僧传》,汤用彤校注,中华书局 1986
　　年版

〔清〕朱铭盘：《南朝宋会要》，上海古籍出版社 1984 年版

〔宋〕李昉等：《太平御览》，中华书局 1960 年影印本

〔宋〕祝穆：《方舆胜览》，〔宋〕祝洙增订，施和金点校，中华书局 2003 年版

〔宋〕王钦若、杨亿等：《册府元龟》，中华书局 1960 年影印本

二十五史刊行委员会：《二十五史补编》，中华书局 1955 年版

〔清〕王谟：《汉唐地理书钞》，中华书局 1961 年影印本

〔清〕毛奇龄：《毛西河先生全集》，萧山陆凝瑞堂藏本

〔南北朝〕刘义庆：《世说新语笺疏》，〔南北朝〕刘孝标注，余嘉锡笺疏，中华书局 2011 年版

〔清〕万斯同：《东晋将相大臣年表》，中华书局 1955 年版

〔清〕吴廷燮：《东晋方镇年表》，辽海书社民国铅印本

〔清〕秦锡圭：《补晋执政表》，中华书局 1955 年版

〔宋〕王质：《栗里谱》，〔清〕陆心源《十万卷楼丛书》归安陆氏刻本

〔宋〕王质等：《陶渊明年谱》，许逸民校辑，中华书局 1986 年版

〔晋〕陶渊明：《陶渊明全集》，〔清〕陶澍集注，龚斌点校，上海古籍出版社 2015 年版

〔清〕梁启超：《梁启超评历史人物合集》，华中科技大学出版社 2018 年版

陈寅恪：《金明馆丛稿初编》，三联书店 2009 年版

游国恩：《游国恩学术论文集》，中华书局 1989 年版

朱自清:《陶渊明年谱中之问题》,开明书店 1953 年版

逯钦立辑校:《先秦汉魏晋南北朝诗》,中华书局 1983 年版

〔晋〕陶潜:《陶渊明集》,逯钦立校注,中华书局 1979 年版

李长之:《陶渊明传论》,天津人民出版社 2007 年版

〔晋〕陶潜:《陶渊明集》,王瑶编注,人民文学出版社 1956
　　年版

〔晋〕陶潜:《陶渊明集校笺》(修订本),龚斌校笺,上海古籍出
　　版社 2019 年版

〔南北朝〕谢灵运:《谢灵运集校注》,顾绍伯校注,中州古籍出
　　版社 1987 年版

〔南北朝〕鲍照:《鲍参军集注》,钱仲联增补集说校,上海古籍
　　出版社 1980 年版

〔南北朝〕谢朓:《谢宣城集校注》,曹融南校注集说,上海古籍
　　出版社 1991 年版

吕德申:《钟嵘〈诗品〉校释》,北京大学出版社 1986 年版

汤用彤:《魏晋玄学论稿》,中华书局 1962 年版

汤用彤:《汉魏两晋南北朝佛教史》,中华书局 1962 年版

方立天:《慧远及其佛学》,中国人民大学出版社 1987 年版

田余庆:《东晋门阀政治》,北京大学出版社 1989 年版

吕思勉:《两晋南北朝史》,中华书局 2020 年版

唐长孺:《魏晋南北朝史论丛》,三联书店 1955 年版

廖仲安:《陶渊明》,中华书局 1963 年版

袁行霈:《陶渊明研究》,北京大学出版社 1997 年版

邓安生:《陶渊明年谱》,天津古籍出版社 1991 年版

孟二冬:《陶渊明集注释及研究》,昆仑出版社 2007 年版

钱志熙:《陶渊明传》,中华书局 2012 年版

张可礼:《东晋文艺系年》,山东教育出版社 1992 年版

刘本栋:《陶靖节事迹及其作品系年》,文史哲出版社 1995
　　年版

于东新:《陶渊明评传》,辽海出版社 2019 年版

〔宋〕施宿等:《(南宋)会稽二志点校》,〔宋〕张淏撰,李能成点
　　校,安徽文艺出版社 2012 年版

〔明〕萧良幹修:《万历〈绍兴府志〉点校本》,〔明〕张元忭、孙鑛
　　纂,李能成点校,宁波出版社 2012 年版

绍兴市地方志编纂委员会:《绍兴市志》,浙江人民出版社
　　1996 年版

杭州市萧山区人民政府地方志办公室:《明清萧山县志》,上
　　海远东出版社 2012 年版

南开大学地方文献研究室、杭州市萧山区人民政府地方志办
　　公室:《萧山县志稿》(民国二十四年),南开大学出版社
　　2010 年版

后　记

　　2018 年，我在《钱江晚报》副刊发表了《再寻桃花源》一文后，许多朋友鼓励我，写一本有关陶渊明和"桃花源"的书，以发掘和弘扬传统文化。虽然我的家乡流传着许多有关陶渊明的传说和遗迹，但要成书，谈何容易。

　　事情的转机出现在 2019 年初。当时我在翻阅古籍时，无意间又一次读到了南朝梁任昉关于"武陵源在吴中"的记载；在阅读陶渊明《晋故征西大将军长史孟府君传》时，知道了他的外公孟嘉和我先祖许询在浦阳江畔偶遇，并成为知己的佳话；而萧山区乡贤大会提供的《浦阳印迹》一书，又一次将我的思绪，带回到遥远而美好的传说——古时山泉许一带，由于地形地貌与陶渊明描写的"桃花源"相似，在隋唐时，就被人们誉为"桃花源"原型地，当时官府专门在此设置"桃源乡"，以作纪念。此外，绍兴的朋友也告诉我，当地有许多纪念陶渊明的遗迹……看到这一则则史料、一条条信息，我顿时血脉偾张，浮想联翩，一束深入发掘"桃花源"的心火在胸中腾然升起。但我深知，从史学角度讲，要深入发掘论证

"桃花源"原型地，必须回答好三个问题：一是陶渊明是否到过这里？只有作者到过这里，才有可能把当地的山川地形、风土人情作为原型，写入文章。二是东晋时当地的地理环境、田园风光是否符合《桃花源记》的意境？三是历史上此地有没有留下纪念陶渊明的人文古迹？而要回答好上述问题，全面了解陶渊明以及他所处的时代，是必做的功课。为此，我开启了长达五年的寻访考察、学习探索之路。

寻访考察虽有跋山涉水之苦，但更有亲近自然、身临其境之乐。寻访是从寻找陶渊明的隐居地南村开始的。在栗里陶村，望着"柴桑桥""濯缨池"，我想起了当年白居易到此寻访陶公旧宅的情形："柴桑古村落，栗里旧山川。不见篱下菊，但余墟中烟。"距离陶渊明不过400余年的白居易，都找不到陶公旧宅，更何况当今的我。所幸，在距离栗里陶村二里地的庐山南麓山坳，我找到了"醉石"。"醉石"是一块通体赭红，长约3.5米，宽约1.5米，拔地而起的大平板石。据说当年陶渊明劳作之余，常常在此擎壶独酌，醉卧云梦。我亦爬上"醉石"，仰卧其上，只见青峰林立，白云悠悠，遐想当年先生醉卧在此，情不自禁地吟起了"青峰林立白云困，涧水丹床着酒痕。一醉琼楼明月里，春风驶荡梦桃源"。这里的山间小道都浸印着先生的足迹，在苏东坡题写的"归去来兮"大型摩崖石刻下，我仿佛看到了先生披星戴月，拎壶荷锄，长吟而归的背影。

在九江市柴桑区陶渊明纪念馆，望着"羲皇上人"匾额下的先生塑像,一幅树木交荫,凉风暂至,陶公卧北窗下的画卷蓦然而起。而看了陶渊明生平活动主要路线示意图,先生年轻时求知游学,从军平叛,驰骋三吴大地的情形,亦历历在目。

　　寻找各地有关陶渊明的遗址,也是了解陶渊明生平的一条重要途径。在绍兴齐贤羊山,望着峭壁林立的古战场,我仿佛听到了当年刘牢之大战孙恩的金戈铁马之声。在羊山公园"明故里"的断碑前,我仿佛看到了当年先贤于敏中为寻找先生遗迹,亲临兴浦、墙汇头等地考察,最后定墙汇头为"渊明故里",立碑纪念的忙碌身影。而站在朝阳河畔,望着几度修建的"渊明桥",我又深深地为当地百姓纪念陶渊明的真挚情谊所感动。在浦阳江畔的"问津亭"遗址,听着年近90岁的陈华雄老先生讲解"问津亭"的传说,我似乎看到了当年黄道真后裔在此摆渡送客的情形……

　　打卡各地的"桃花源",亦是寻访的题中之义。从八百里武陵山脉到秦岭大巴山深处,从太行山区到西南边陲广南县,我走访了全国最知名的十处"桃花源"。在这些景点中,最让人难以忘怀的是武陵峡"桃花源"。武陵峡"桃花源"位于巴山东麓与秦岭交汇的竹山县官渡镇武陵峡深处,这里群峰林立,碧波环绕,交通闭塞,人烟稀少。偌大的山坳,只世代独居着老王一家。老王一家好客淳朴,丝毫不为外界所扰,他们终年过着日出而作,日落而归的生活,与白云牛羊为伴,怡然自乐。在这里,我似乎走进了与世隔绝的"桃花源"。

　　…………

　　陶渊明离开我们已近 1600 年，要全面了解认识他，谈何容易。唯有在浩瀚的史料、先生的诗文和先贤时人的研究资料中寻找踪迹。近 5 年来，我在各地图书馆、地方志办公室查找资料，阅读古籍累计达三个月之多，借阅购买古籍不计其数。虽然大学读的是中文系汉语言文学专业，但面对竖排繁体字的古籍，想全面领会原著要义，也常有力不从心之感。好在长期的工作中，我结识了众多专家学者，每到疑难时刻，都能及时请教。春夏秋冬，时序更替；辛勤耕耘，亦有收获。在本书出版之际，最使我难以忘怀的是一路帮助过我的人。借此机会，我要感谢浙江省、杭州市、绍兴市、萧山区图书馆和地方志办公室，感谢柴桑区陶渊明纪念馆，他们为我查找资料、学习研究提供了各种便利。也要感谢周祝伟、汪志华、李华英、张群、卢敦基、柴海生、吴关健、孙伟良、张兴昌、陈雪年、陈华雄、李纪华、柴吾传、明平泉等各位专家学者朋友对我寻访考察、学习研究提供的各种帮助。在这里，我要特别感谢肖瑞峰教授、任道斌教授、张如安教授和著名浙派山水画家蒋勇先生。肖瑞峰教授不仅对本书的框架结构提出了宝贵的修改意见，而且在百忙之中，为本书作序鼓励。任道斌教授听说我想写一本《再寻桃花源》的书后，专门为我找来了历代名家所绘"桃花源"的目录和馆藏地点。当我选定画作后，又用专业的眼光，帮我一起解读画作的意境。张如安教授在百忙的工作中抽出时间对全书进行了审读，并提出了中肯的修改意见。著名浙派山水画家蒋勇先生在深入研究东晋会稽山川地貌和陶渊明传说的基础上,创作了《永兴桃花源》画卷,对于他们的帮助指导,本人铭记在心,没齿难忘。我的夫人王舒不仅陪同我一起寻访考察,而且作为本书的第一读者,对本书的修改也有不少贡献。在本书出版过程中,浙江工商大学出版社的领导和编辑也对本书提出了很好的修改意见,凡此,一并致以谢意!

在撰写本书过程中,由于很多资料已难以查到原始出处,有些网络资料亦无法找到原作者,因此无法一一标注出处。如果有读者发现书中有引用您的原创成果,请来信说明,以便今后再版时注明。如果您是陶学研究者,且最近的研究成果又符合本书的主题,希望不吝赐教。

我的初衷是写一本文史结合、雅俗共赏的书,但由于水平有限,或许离这个目标还有一定距离。书中也难免有误,敬请各位方家和读者予以批评指正。

进入耳顺之年,能深度接触陶渊明,并在陶诗中汲取营养,在田园风光中找到乐趣,在"桃花源"的意境中陶冶情操,特别是能为发掘传统文化尽一点绵薄之力,这是我人生的一大幸事。

2023 年 9 月 25 日于庐山西湖宾馆　初稿

2024 年 3 月 8 日于杭州紫金西苑　定稿